Les Apocryphes de la peinture de portrait

1849

FÉLIX-SÉBASTIEN FEUILLET DE CONCHES

TABLE DES MATIÈRES

LES APOCRYPHES DE LA PEINTURE DE PORTRAIT

A propos de l'émail de Petitot gravé en tête de l'Histoire de Madame de Maintenon

Il y a long-temps que je ne crois plus aux galeries italiennes ; il y a plus longtemps que je me méfie des portraits, sans en excepter ceux que nous a légués l'antiquité. À défaut de peintures, il nous reste nombre de bustes et de statues dont on n'a pas toujours le moyen de confirmer la sincérité par la confrontation avec d'autres monumens contemporains, ou que les médailles contredisent. Pline l'Ancien avoue même qu'on avait fait exécuter d'imagination les bustes de grands hommes dont on n'avait point les effigies. Homère était du nombre, de même qu'Hippocrate. Après un tel aveu, quelle est la foi assez robuste pour accepter la responsabilité de la tradition à l'endroit de tout ce Parnasse en marbre de Paros, qui resplendit dans nos musées ? Cela sent quelque peu sa légende. Ne sait-on point d'ailleurs que, jetées bas et mutilées par les barbares, enfouies sous les décombres et sous la poudre des temps, ces statues se sont trop souvent relevées avec des têtes empruntées à d'autres débris ? Il y a mieux : le sophiste Dion-Chrysostome, qui florissait dans la seconde partie du Ier siècle de notre ère, reprochait aux Corinthiens de décapiter leurs statues pour en changer les personnages. Il adressait le même reproche aux Rhodiens. Saint Jérôme, à son tour, qui vivait au IVe siècle, rapporte qu'à la mort ou à la défaite d'un tyran, le vainqueur faisait ôter la tête du vaincu de toutes ses statues et de toutes ses images, pour y substituer la sienne propre, sans toucher au reste de la figure.

Comment donc croire aveuglément aux portraits ? Les fausses attributions en sont tellement innombrables ! on en a tant baptisé ! qui ne l'a fait ? Vous et moi peut-être ! Les annales de la peinture de portrait, si jamais on avait la patience de les recueillir, donneraient de nombreux démentis à la crédulité qui, sur la foi des catalogues, accepte encore certaines œuvres d'art comme de sérieux témoignages historiques et d'irrécusables documens. Sans prétendre épuiser pour le moment, une si riche matière, j'essaierai de montrer ce qu'aurait de curieux et d'instructif l'étude trop négligée des portraits. La critique iconographique n'est née que d'hier ; il serait bien temps qu'une érudition ferme et consciencieuse se portât sur ce terrain glissant et y fît prévaloir les données du bon sens sur les témérités de l'hypothèse.

Une gravure de Paul Mercuri, exécutée d'après un émail de Petitot et placée en tête d'un livre publié récemment sur Mme de Maintenon, m'offre, pour quelques-unes des questions délicates soulevées par la peinture de portrait, une occasion que je n'ai garde de laisser échapper. À la vue de cette gravure des scrupules m'ont saisi tout d'abord. Comparez, en effet, l'image la plus connue de Mme de Maintenon, celle où Mignard a prétendu la peindre en sainte Françoise romaine, et où il n'a représenté en définitive qu'une matrone toute française, les épaules chargées d'un manteau de velours bleu de roi doublé d'hermine (signe princier : Louis XIV l'avait permis), assise dans un oratoire ou dans une bibliothèque ; — comparez, dis-je, ce portrait gravé par Ficquet et G. Sibelius avec le portrait dont la gravure de Mercuri est la reproduction, et vous verrez dans l'un des traits caractéristiques de la face une dissemblance fondamentale que la différence d'âge ne suffit pas, ce semble, à expliquer. Cette dissemblance est identiquement la même dans un autre grand portrait attribué à Hyacinthe Rigaud, qui la représente vêtue de noir, avec une princesse enfant. Il nous a fallu beaucoup de recherches avant de nous former une opinion définitive sur ce sujet épineux.

Et, de fait, combien n'est-il pas de portraits qui ont parti et reparti, toujours également admirés et ressemblans, sous des noms, divers ! Quel tumulte et quelle confusion d'apocryphes ! Nous aurons à distinguer entre les apocryphes par ignorance, les apocryphes de parti pris, et enfin les apocryphes par négligence des peintres et par influence de la mode sur l'art Beaucoup sont de simples erreurs ; plusieurs, de véritables faux ; d'autres, des à-peu-près de convention. Comment discerner l'erreur de la fraude, le vrai de la supposition ? La tâche est délicate. Encore une fois, il y a tout un chapitre qui manque à l'histoire de l'art, c'est celui de l'incertitude en matière de portraits. Quelques exemples pris entre mille me suffiront pour indiquer ce qu'il reste encore à faire à la critique dans une voie où l'attendrait pourtant plus d'une découverte piquante.

I – Apocryphes par ignorance

D'abord, au musée du Louvre, le portrait de Baccio Bandinellj, peint par lui- même, n'est point son portrait : c'est celui de Baccio da Monte Lupo, sculpteur. Le célèbre tableau peint par le Titien, et connu, dans le même Musée, sous le nom du portrait du Titien et sa maîtresse [1], ne représente ni l'un ni l'autre. Un savant biographe du grand maître vénitien., Ticozzi, s'étayant du témoignage de médailles et de nombreux portraits authentiques, a prouvé que les deux personnages sont Alphonse Ier, second duc de Ferrare, et Laura de Dianti, sa maîtresse, puis sa femme. Il existe plusieurs répétitions modifiées ces magnifiques portraits. Tant qu'Alphonse ne vit en Laura qu'une maîtresse, il permit au pinceau du peintre des indiscrétions de costume ; mais, dès qu'à la fin de sa vie il l'eut épousée, après la mort de Lucrèce Borgia, sa seconde femme, et qu'à son nom de Laure il eut substitué celui d'Eustochia,il devint orageux et méfiant, et la tunique se ferma.

Le superbe portrait du Louvre peint par le même artiste, et donné comme l'effigie de l'Arétin, ne peut être l'Arétin : on possède de cet étrange poète trop de médailles authentiques pour s'y tromper.

Jusqu'ici encore, nous avons admiré au Louvre, — à titre de portrait de Charles VIII peint par Léonard de Vinci, — la figure de Charles d'Amboise, deuxième du nom, maréchal de Chaumont, gouverneur de Milan sous Louis XII. — Qui ne connaît également au Louvre cette Belle Ferronnière, maîtresse de François Ier, peinte par Léonard de Vinci, et tant de fois reproduite par la gravure d'après le tableau de notre Musée, dont il est un des joyaux les plus prisés ? Eh bien ! la peinture est certainement de Léonard ; mais, quant au modèle, c'est encore une attribution hasardée, attendu que le grand peintre ne vint en France qu'après la mort de cette beauté célèbre [2]. D'ailleurs, Léonard, malade durant tout son séjour en France, de 1516 à 1519, n'y exécuta aucune peinture, et, ne s'y souvenant guère que de son titre d'ingénieur-général des armées de César Borgia, s'occupa seulement de projets de défense militaire et de canalisation pour l'assainissement de la Sologne. Il en est, on le voit, de ces ressemblances comme des mots historiques, pour la plupart faits après coup, comme de certains traits anecdotes fort piquans, qui ne sont aussi que des caprices d'imagination. Croyez donc maintenant à l'historiette touchante de Léonard de Vinci mourant dans les bras de François Ier ! Il faudrait n'avoir point consulté l'itinéraire authentique du roi, car cet itinéraire démontre que François résidait paisiblement à Saint-Germain-en-Laye pour assister à l'accouchement de la reine, alors que le pauvre peintre expirait au château de Cloux, près d'Amboise.

Subjuguée par la grace ineffable du style de Raphaël, la tradition, décorant sa personne du cachet de ses œuvres, a voulu faire de ce grand peintre le type de la beauté. Tantôt elle le reconnaît dans le portrait de Bindo Altoviti, qui est à Florence [3], tantôt dans la figure du duc d'Urbin, qui est au centre de l'École d'Athènes, tantôt dans cet adolescent d'une quinzaine d'années, aux cheveux blonds couverts d'une toque noire, qu'on voit au Louvre. Comment, à un âge si tendre, se fût-il peint lui-même d'une façon si profonde, si merveilleuse, d'ailleurs si éloignée de sa première manière [4] ? La tradition veut le retrouver encore dans ce portrait de notre Musée connu sous le nom de Raphaël et son maître d'armes ; mais d'abord ici le modèle est brun, et Raphaël était blond. Ensuite, pourquoi un maître d'armes ? Parce que le personnage porte la main à la garde de son épée ? — Belle raison ! — Or, je crains fort que, dans cette toile ; il n'y ait pas plus de Raphaël que de maître d'armes, et, à en juger par les portraits connus et authentiques de Marc-Antoine Raimondi, l'élève, l'ami, le graveur de Raphaël, ce Sanzio pourrait bien n'être en définitive qu'un Marc-Antoine. Le vrai portait de Raphaël se retrouve cependant de sa main dans plusieurs de ses grandes fresques, toujours à côté du Pérugin, notamment dans l'École d'Athènes, à droite du spectateur, à l'extrémité de cette page immortelle qui n'a jamais été égalée. Il rachetait, par les graces de l'expression, les manières et du langage, ce qui lui manquait de l'exquise beauté que lui attribue la tradition ; car enfin, ses portraits en fon foi, il n'était nullement le plus beau des hommes, à moins qu'on n'oublie son nez trop fort, sa lèvre hors de ligne, son cou grêle et long, son teint olivâtre, sa taille un peu courte. Malgré ces faits matériels, qu'il est à la portée de tout le monde de vérifier, Raphaël n'en demeurera pas moins un Adonis, parce qu'il est des choses qui, une fois dites, se répètent sans cesse et sont vraies à force d'avoir vieilli. Notre esprit, aussi paresseux à désapprendre qu'à apprendre, trouve compte, à des types tout faits.

Jugez du Pérugin par ses sujets d'affection par ses vierges si délicates, si belles, si célestes, et dont un sentiment profondément chrétien semble avoir inspiré la création : votre jugement sera une erreur. Le laid Perugino, égoïste, bilieux, avare, prêteur exigeant à la petite semaine, n'avait jamais pu, au rapport de Vasari, faire entrer dans sa tête de porphyre la croyance à l'immortalité de l'ame. Les arts et les lettres nous fourniraient matière à bien d'autres déceptions. N'en éprouve-t-on point une devant le tableau de Raphaël de la galerie Barberini, représentant à mi-corps et demi-nue la célèbre Fornarina ? C'est la beauté, c'est la grandeur des traits, mais je ne sais quelle âpreté transtévérine en exclut la grace. La tribune de Florence se vante de posséder aussi sa Fornarina par Raphaël ; mais, à coup sûr, ce n'est point la vraie boulangère qui fut si long-temps la maîtresse et le modèle de Sanzio qu'il a introduite dans la grande fresque d'Héliodore, dans le Parnasse sous le nom de Clio, dans la Transfiguration sous la figure de la femme agenouillée qui tourne la tête. C'est un type désormais connu, et le musée du Louvre possède de la main de Raphaël, d'après cette femme, deux dessins à la sanguine d'une puissance incomparable et qui reproduisent sans conteste les traits de la Fornarina des Barberins, de laquelle Giulio Romano a donné une répétition. Que de discussion n'a point soulevées en Italie l'authenticité des deux portraits de Florence et de Rome ! On s'est entendu enfin sur ce dernier, et désormais il est approuvé avec paraphe. Quant au portrait de la tribune de Florence, des critiques français et italiens l'ôtent même à Raphaël pour le donner au Giorgione : on n'est guère d'accord que pour nier qu'il représente la Fornarina. La dernière guerre d'Italie a seule pu tarir les flots d'encre qui couleraient encore sur cette question nationale des deux côtés des Apennins. Au vrai, cette riche peinture est-elle une œuvre de Raphaël ? La date de 1512, inscrite au bas du portrait, ferait sans discussion perdre sa cause au Giorgione, mort l'année d'auparavant, n'était qu'on a reconnu que ce millésime est une interpolation de date assez récente, introduite par la rage d'avoir raison. Voilà pourtant comme on gâte les meilleures causes, car en définitive le tableau, peint tout-à-fait dans la manière fine, large et abondante du Violon de la galerie Sciarra, à Rome, est, comme ce dernier, de Sanzio.

Le dédain des traditions les mieux accréditées ne peut aller plus loin que dans l'attribution à Christophe Colomb de je ne sais quelle grosse lourde face allemande, qui de la galerie de Versailles a passé à celle du Louvre. Au rapport de ses contemporains, Colomb avait une taille au-dessus de la moyenne avec un maintien plein de noblesse et d'autorité, le visage long, le nez fortement aquilin, les yeux bleus, le teint fin, mais un peu enflammé, — les cheveux d'abord roux, blanchis avant le temps. C'est ainsi qu'il se présente à Madrid dans les monumens conservés avec religion par un descendant de sa famille, le duc de Veraguas. Le faux Colomb du Musée n'en a pas moins eu les honneurs d'une gravure de la main de Mercuri.

Ainsi encore on n'avait que des portraits de fantaisie de Vasco de Gama, d'Albuquerque, de Jean de Castro, etc., quand on découvrit, à la Bibliothèque nationale, un manuscrit de Pedro Barretto de Resende, qui contenait de ces hommes célèbres des portraits contemporains d'un style barbare, il est vrai, mais naïfs, pleins d'accent et d'individualité, et que l'on doit conserver précieusement, non pour ce qu'ils valent, mais pour ce qu'ils rappellent [5]. Il en était de même des traits du fils de Jean Ier de Portugal, l'infant don Enrique, surnommé le Navigateur pour avoir été le promoteur de toutes les grandes découvertes maritimes du XVe siècle en Afrique. Un beau portrait trouvé dans un manuscrit de Gomez Eannez de Azurara, et remontant à 1442, a détruit toutes les images apocryphes de ce prince [6]. C'est un portrait contemporain exécuté sous les yeux de son neveu Alphonse V. La miniature est de l'école de Van Eick, qui avait été en Portugal.

Qu'un crayon spirituel personnifie les types de Grandgousier, voire de Gargantua, Pantagruel et Panurge ; qu'il glisse au front de ses images quelqu'un de ces traits propres à faire transparaître l'allégorie rabelaisienne, à la bonne heure : — laissez passer ; mais je vous arrête, si vous usez de ce procédé apocryphe pour me peindre maître François lui-même, l'Homère en belle humeur, si plein à la fois d'exquises pensées, de fou rire et de gros sel. Il circule de ce père de la langue française beaucoup de portraits douteux. Le plus authentique est à Montpellier.

De Molière on possède quatre portraits deux de Pierre Mignard, son ami, gravés par Hubert, Baptiste Nolin et Benoît Audran ; un de Charles Coypel, gravé par Nicolas-Bernard Lépicié. Les deux premiers, peints d'après nature, sont précieux par leur authenticité : le troisième, qui est d'un artiste né vingt et un ans après la mort de Molière, n'a eu pour type que ceux de Mignard, et ces derniers gardent tout leur prix ; mais qui ne répugnerait à accepter la tête qui a été gravée par Beauvarlet et placée sous la protection du nom de Sébastien. Bourdon ? Qu'y a-t-il là des traits du plus rare esprit du grand siècle, de cette physionomie profonde, sérieuse jusqu'à la tristesse, comme celle de tous les génies comiques ?

Une fois le pied dans le siècle de Louis XIV, n'allons pas plus loin sans essayer de dissiper une fois pour toutes les obscurités qui entourent la vraie ressemblance d'une autre merveille de ce temps-là : génie charmant, femme ravissante qui est de la famille de tous les esprits cultivés ; notre amie de tous les temps, de tous les âges ; une de nos divinités domestiques. Au premier mot, on a reconnu Mme de Sévigné. Se tromper sur elle est en quelque sorte un sacrilège ; pourtant que de portraits ou faux ou douteux à la tête des éditions les plus accréditées de ses lettres ! — Marie de Rabutin-Chantal, marquise de Sévigné, avait posé pour Nanteuil à l'âge d'environ trente-cinq à quarante ans. Nicolas Edelinck avait réduit et gravé au burin le pastel de Nanteuil avec un sentiment délicat de la nature. Rien de plus authentique. Eh bien ! le chevalier de Perrin, qui publia chez Simart une édition des lettres en 1734, voulut du nouveau. Il s'adressa à l'évêque de Luçon, fils de Bussy-Rabutin. On sait que, dans sa retraite forcée, Bussy, ce fanfaron en amour et en guerre, dénigrant et caustique, suffisamment honnête homme, c'est-à-dire, suivant la définition du bel air, homme poli et sachant vivre, mais poli à sa manière, avec un orgueil sourcilleux, une vanité féroce, une malignité bilieuse, et qui écrivit les mémoires, du reste si exacts et si précieux, de sa vie, comme certaines femmes font leur confession, — pour avoir l'occasion de se vanter ; — Bussy, disons-nous, avait peuplé son château de Bussy-le-Grand, en Bourgogne, de portraits de sa famille et des beautés célèbres de son temps. Banni de la cour, il s'en vengeait en continuant, au bas de ces portraits, sous forme d'inscriptions, son Histoire amoureuse des Gaules, malheureusement plus historique que calomnieuse. Mme de Sévigné figurait deux fois dans cette galerie et fut épargnée : la malignité a aussi sa pudeur. Un de ces portraits, qui lui donne au plus vingt-cinq à vingt-six ans, existe aujourd'hui encore au château de Bussy. La figure, plus jeune et plus jolie que le pastel de Nanteuil, porte une parure de perles en collier, en pendants d'oreilles, en garniture de corsage. Les cheveux blonds, rejetés en arrière, sont lissés sur le haut de la tête, que recouvre une sorte de coiffe d'où tombe sur les épaules une espèce de voile de veuve. Le cadre a pour toute inscription ces seuls mots :

Vive, agréable et gage.

Cette peinture était dans la chambre de Bussy. Sous une autre, qui était placée dans le salon, se lisait l'inscription suivante :

Marie de Rabutin, fille du baron de Chantal, femme d'un génie extraordinaire et d'une vertu compatible avec la joie et les agrémens [7].

Ce dernier portrait ne s'est point retrouvé. Le premier fut celui que l'évêque confia à l'éditeur, car c'est le même que grava Chéreau pour l'édition du chevalier Perrin. L'effigie prit si bien crédit en tête du livre, que le bon Odieuvre, l'infatigable éditeur de portraits, d'ailleurs exécutés pour la plupart sans beaucoup de critique, l'adopta de préférence au Nanteuil, et le fit regraver par Schmidt. Cette planche de Schmidt est une copie littérale et trait pour trait ; la seule différence, c'est que, n'ayant point été exécutée au miroir, la figure est vue du côté opposé. Mais, pour sortir du cabinet de Bussy, le portrait en était-il plus ressemblant ? J'en doute, car, indépendamment de la différence totale de certains traits sur lesquels cependant dix années de plus n'ont point de prise, la charpente de la tête, caractère fondamental qui, s'il change, ne change que très peu et très tard, diffère essentiellement de celle qu'a rendue Nanteuil. Or, ce grand artiste, l'homme exact par excellence, avait dessiné son modèle d'après nature, tandis que tout induit à croire qu'il n'en avait pas été de même de l'auteur du portrait rival. Cet auteur était un peintre plus adroit que fidèle, nommé Louis Ferdinand, que ses agréables mensonges avaient mis long-temps en vogue à la cour de Louis XIV.

D'autres portraits authentiques de Mme de Sévigné s'ajoutaient à ceux dont nous venons de parler : l'un était cette miniature en pied célébrée, vers 1656, en un sonnet italien de Gilles Ménage ; l'autre, un délicieux émail de Petitot, non encore gravé et qui, pour les traits et la physionomie, tient en plus jeune du pastel de Nanteuil. Cet émail est au Louvre. On prétend que Mignard peignit également Mme de Sévigné, et que la peinture originale décore le château des Rochers, près Vitré. Je n'ai point vu ce prétendu original de Mignard ; je n'en connais qu'une affreuse lithographie faite à Rennes, et conservée au département des estampes de la Bibliothèque nationale. Elle est signée Al. Paillard, et ne représente, à vrai dire, qu'une vieille servante d'auberge, au front fuyant et déprimé. Profanation étrange, s'il n'y avait plutôt à voir dans ce fait une monstrueuse méprise de l'ignorance [8] ! Ce n'est pas que Mignard l'Avignonnais, dont on a un portrait de la plus jolie fille de France, Mme de Grignan, n'ait tout aussi bien pu peindre Mme de Sévigné, qu'il vit assez fréquemment avec sa fille à Paris, à Aix et à Marseille. À la vérité, l'abbé de Monville, qui parle, dans sa Vie de Mignard, du portrait de cette dernière, ne cite nulle part un portrait de la marquise ; on ne saurait néanmoins en tirer une conclusion négative, car son livre, plein de lacunes, ne fait point suffisamment autorité. Dans tous les cas, s'il y a de ce peintre une image de Mme de Sévigné, c'est celle que sa fille avait placée dans le château de Grignan, près Montélimart, et que le propriétaire actuel des restes du château, M. Léopold Faure, a rachetée des paysans, qui s'en étaient emparés en 1793. Cette image, rétablie maintenant en son lieu primitif, est une bonne peinture dont quelque jour la gravure saura tenir compte.

Entre toutes ces effigies, chacun choisissait à sa guise, quand il en parut une toute nouvelle, toute différente, en tête des huit volumes in-12 de l'édition de 1754. La tête et le dessin entier du portrait tiennent moins de Mme de Sévigné que de sa fille, à l'indifférence près, car la désinvolture générale a quelque chose de flamboyant qui ne va ni à l'une ni à l'autre. Le peintre signe Lefevre, sans date ; le graveur est Pelletier. Quel est ce Lefèvre ? Le siècle de Louis XIV a possédé trois hommes du nom, de Lefèvre ou Lefèbre : Valentin, Claude et Roland, dont le père Orlandi, dans son Abecedario, n'a fait qu'une seule personne. Quelques-uns des portraits de Claude et de Roland le disputent aux plus beaux Rigaud. Faut-il voir en l'un de ces deux hommes le coupable du nouveau portrait de Mme de Sévigné ? ou bien faut-il en attribuer l'honneur à quelque peintre obscur du même nom, et dont il y eut deux ou trois en 1754 ? Je l'ignore, l'original n'étant point tombé sous mes yeux. Dans tous les cas, la confusion fut à son comble, et, à travers toutes ces dissemblances, le Lefèvre fit fortune. On le multiplia, et, en tête d'une copie de l'édition où il avait paru, un libraire d'Amsterdam donna la même planche en y ajoutant, en légende dans le cadre, les noms de la marquise, et au bas ces vers hollandais :

Pour transmettre mon nom jusqu'aux dernières races,
Je ne me parai point de grec ni de latin,
Mais d'un génie heureux façonné par les graces
Sous les leçons de Rabutin.

Ainsi, de compte fait, nous avions déjà six portraits de Mme de Sévigné : 1° celui de Nanteuil, auquel il faut toujours revenir, et qu'ont successivement gravé N. Edelinck et Delvaux au burin, P.-M. Alix en couleur, Roger au pointillé ; 2° celui de Ferdinand gravé par Chéreau et par Schmidt ; 3° et 4° la miniature et l'émail ; 5° enfin, la peinture du château de Grignan et le nouveau portrait de Lefèvre, qui donnait un air si dégagé à son modèle. Sur ces entrefaites, le graveur Delegorgue découvrit dans le cabinet de M. Traullé l'original de Nanteuil. Il le regrava de la grandeur même du pastel. Voilà donc le type le plus sûr des traits de Mme de Sévigné reproduit pour la cinquième fois. Pourtant, on ne s'y tint pas, et l'édition des Lettres donnée chez le libraire Blaise par M. de Monmerqué mit au jour encore un portrait nouveau, totalement différent. Etait-ce donc une figure de fantaisie ? Non, l'artiste n'était point sorti de la famille ; seulement il avait donné l'image de Jeanne-Marguerite de Brehant de Mauron, marquise de

Sévigné, belle-fille de la vraie, de l'inimitable écrivain, qui ne fut point auteur. « Il y a de certaines pensées qui égratignent la tête, » dit Mme de 'Sévigné. Celle-là est du nombre, d'autant que l'erreur s'obstine et s'acharne, et que tantôt c'est cette même femme du fils qui prend le pas et continue à se substituer à sa belle-mère ; tantôt c'est le Lefevre qui, d'après un portrait du château d'Eu, trône dans la galerie de Versailles et est complaisamment multiplié par le diagraphe Gavard.

Certes ; pour confondre Marie de Rabutin avec madame de Sévigné la subrime, un ange en terre, la gloire du monde, comme l'appelait M. de Saint-Gabriel, l'un des précieux du Grand Dictionnaire ; pour la confondre, dis-je, avec Jeanne Mauron, cette femme frêle, maladive et nerveuse, tout éteinte à neuf heures du soir, il fallait être bien décidé à se tromper. En effet, j'ai vu le type du portrait pseudonyme de l'édition Blaise, gravé par Masqueler. C'est un charmant émail de Petitot [9] représentant une jeune femme pâle, délicate, étiolée, aux yeux bleu d'azur, au nez aquilin, à la chevelure presque incolore : juste le revers effacé de la forte et rieuse médaille de Mme de Sévigné, dont les cheveux blonds avaient plus d'accent, dont les yeux étaient gris, les paupières bigarrées, le nez carré, le front proéminent, la physionomie ouverte et animée, l'encolure générale ferme et bien prise [10].

Je passe sous silence une autre image de Mme de Sévigné, gravée in-12, par S. Thomassin, estampe fort singulière, dont la figure, coiffe à la Louis XV, porte, non des mouches, mais des signes fortement prononcés au front, à la joue et sous les lèvres, et qui n'offre pas même, comme disent les peintres, un faux air de son prétendu modèle. Je laisse également de côté cette innombrable cohue d'autres portraits de la marquise qui ne sont plus que les répétitions le uns des autre, et qui, à force de s'écarter du type primitif, ont fini par n'en garder aucun parfum. J'ai voulu seulement, en épuisant la discussion sur l'effigie d'un personnage d'ailleurs si près de nous, montrer tout ce que l'iconologie critique offre de difficultés et doit conseiller de défiances. La même chose est à dire pour nombre d'autres personnages historiques. Qu'on se rappelle notamment cet exemplaire unique des œuvres de Voltaire, orné de plus de dix mille portraits, livré aux enchères, il y a quelques mois, par l'actif et intelligent libraire Potier, et auquel M. le comte Victor de Saint-Mauris avait joint un volume entièrement composé de portraits de ce grand écrivain. Il est bizarre, mais il est vrai, que, sur des centaines d'effigies voltairiennes, on n'en trouvait peut-être pas quatre qui se ressemblassent.

II

Nous arrivons aux apocryphes de parti pris, et, pour commencer par un exemple frappant que nous avons sous les yeux, citons d'abord la galerie historique de Versailles, où le vrai et le faux se coudoient. Le vrai, le curieux l'historique, se sont réfugiés dans les attiques qui couronnent le palais. Là se déroule une suite de portraits de bonne foi, portraits anciens dont la chronologie s'arrête à la première chute de la monarchie pour reprendre jusqu'a sa chúte dernière. C'est une collection unique, vraiment nationale, composée de tout ce qui a échappé aux iconoclastes des révolutions. Dans le nombre, il y a des morceaux de prix au point de vue de l'art, et tout y parle la grande voix de l'histoire mais, hélas ! que dire des portraits modernes dont les toiles pendent aux murs des autres salles ? La noble pensée qui avait enfanté la galerie de Versailles ; pensée si digne du grand siècle dont l'ame respire encore dans ce palais, n'a été que trop méconnue ; trop d'artistes ont peu dignement répondu au généreux appel de la liste civile. À côté d'un petit nombre d'excellentes effigies pour lesquelles les auteurs ont remonté aux sources et consulté les anciens monumens, les quatre cinquièmes des portraits modernes ne sont guère que des suppositions souvent effrontées. Il est regrettable, en vérité, qu'un musée national limite ces livrets de mnémonique élémentaire destinés à l'instruction historique de l'enfance, et nous déroule une légende de convention de nos rois de la première race, dont pas un ne manque à l'arbre généalogique, comme si l'on pouvait dissimuler que les monumens suffisans et authentiques font défaut à cette époque ! D'abord les monnaies royales de ce temps, mauvaises imitations des monnaies du Bas-Empire, offrent des types tellement obscurs et barbares, que l'artiste n'a guère que son imagination pour y suppléer. Qui ne sait ensuite que les effigies des tombes mérovingiennes, loin d'être du temps, ont été fabriquées aux XIIIe et XIVe sicles, et que la lacune de nos effigies royales descend même jusqu'à saint Louis, dont on n'a point un portrait certain ? Les bustes antiques, d'or, de vermeil et d'argent, du saint monarque ont péri ; ses effigies à la fresque ont disparu ; aujourd'hui c'est une tête de Charles V qui usurpe les honneurs de saint Louis ; c'est Charles V pseudo-canonisé qu'on encense à Saint-Denis et à la chapelle de Tunis, qu'on salue à la coupole du Panthéon, au Palais de Justice, aux galeries de Versailles. Voilà plus de vingt ans que ce faux défraie la palette et le ciseau, tandis que le vrai Charles V n'en tient pas moins sa place, pour son propre compte, avec la même effigie.

En vain l'administration des musées s'appuierait-elle de l'exemple de maints érudits et historiens de la belle époque des arts, qui accompagnaient leurs œuvres de portraits souvent impossibles, tels que ceux d'Attila, de Mahomet le prophète, de Bajazet, de Guillaume Tell, etc., et, ne voulant pas qu'une suite de rois et de héros fût interrompue, fabriquaient des effigies plutôt que d'y laisser des lacunes. Ainsi Paul Jove, qui avait deux plumes, l'une d'or et l'autre de fer, suivant les occurrences et le besoin ; Paul Jove, qui regardait, dit-il dans une de ses lettres familières, comme un antique privilège de l'histoire de grossir et d'atténuer les vices, d'élever ou d'abaisser les vertus, selon les procédés et les mérites des personnages, traitait à fortiori très lestement la vérité iconographique. De là tous les portraits anciens, apocryphes de parti pris, dont fourmillait, au milieu de portraits authentiques, le palais-musée bâti par lui aux bords dit lac de Côme, sur les ruines de la superbe villa de Pline le Jeune. Telles sont les fantaisies que ses deux beaux livres d'Éloges des guerriers et des savans illustres reproduisent en gravures sur bois. Ainsi encore, poussé par le pédantisme du complet et la manie d'une vaine décoration, le cardinal Mazarin avait fait peindre pour sa galerie la suite non interrompue des papes depuis et y compris saint Pierre. Nous le répétons, tous ces puérils caprices d'érudits et d'amateurs sont indignes d'un musée sérieux et national.

Un portrait qui mériterait d'être l'objet d'une discussion particulière est celui qui est placé aux origines de l'école française, dans les galeries du Louvre, et qui porte sur la toile même cette inscription : Le très victorieux roy de France, Charles septière de ce nom. Le personnage, vu à mi-corps et de grandeur naturelle, offre des traits d'une expression mâle, calme et profonde. La tête, dont on n'aperçoit point les cheveux, est coiffée d'un bonnet échancré. Le corps est vêté d'une tunique à manches garnies de fourrures. La peintre est sur bois ; elle est pleine de caractère, et tient, quant à l'exécution, de l'école gothique de la Flandre. Or, il se vendit à Paris, en 1814, à la vente d'un M. Didot, un portrait parfaitement identique, également sur bois : même personnage, même pose, même style de peinture, même proportion. La seule différence consistait en quelques détails de costume et en ce que le personnage tenait un arc et une flèche, et qu'au lieu du nom du très victorieux roi Charles VII, le haut de la peinture portait, en une banderole aboutissant à une petite horloge, les mots suivans : Hora est tandem nos de somno surgere, quia novissima hora est ; « il est l'heure enfin de sortir de notre sommeil, car la dernière heure a sonné. » A raison de la flèche et de l'inscription, on avait fait de la figure un portrait impossible : un Guillaume Tell ! A tout prendre, le costume indiquerait l'effigie de quelque duc de Bourgogne, et si nos souvenirs ne nous trompent point, c'est en effet le Philippe III, dit le Bon, des musées de Dijon et de Flandre.

À mesure qu'on avance dans l'histoire, les suppositions se multiplient, étranges, ridicules ou scandaleuses. Thomas de Leu avait donné de Michel de Montaigne Un portrait, d'ailleurs assez excentrique, reproduit depuis par Ficquet. Les descendans d'Olivier de Guernegeslin, chevalier de Saint-Michel comme Montaigne, n'ayant pas d'effigie de leur auteur, et trouvant celle-ci à leur guise, s'avisèrent de faire regraver le Thomas de Leu trait pour trait par Léonard Gauthier, sous le nom d'Olivier de Guernegeslin, avec ses armoiries [11]. Plus tard, un portrait de Huet, le savant évêque d'Avranches, ne se vendant plus, fut canonisé en saint Exupère, patron fort vénéré dans le diocèse d'Avranches, et l'on s'en disputa les épreuves ainsi renouvelées.

Rien n'arrête les faussaires. Deux bonnes gens, Aubert, dessinateur, élève de Santerre, et Le Gallois, qui a écrit sur les plus belles bibliothèques de France, avaient été gravés fort ressemblans. Ec1ata en 1721 le procès de Cartouche ; toute la France fut en émoi. Legrand mit ce brigand en comédie dans le temps même du procès, et la pièce fit fureur. Des portraits étaient demandés à cor et à cris : on se hâta d'inscrire le nom de Cartouche au bas des têtes d'Aubert et de Le Gallois, et l'impatience du public fut satisfaite. Cartouche lui-même n'eût pas mieux imaginé.

Si nous nous rapprochons des époques contemporaines, nous trouvons un portrait gravé par Lemire, représentant Louis XVI, qui, à la restauration, f transformé en un Louis XVIII jeune, par une simple substitution de lettres dans l'épigraphe, et réussit à merveille avec cet écriteau menteur. Louis XVIII sous les traits de Louis XVI ! friponnerie de marchand, et, en vérité, profanation historique. Peut-on, en effet, se défendre du souvenir des mots écrits, le 19 juillet 1791, sur ce prince ambitieux, pédant et dissimulé, par la reine Marie-Antoinette, que, de nos jours, on égorge en quelque sorte de nouveau pour la calomnier plus à l'aise : « Soyez sûre, — dit-elle dans une lettre inédite, tombée de la chevelure de la princesse de Lamballe au moment de sa chute à travers les cadavres de l'Abbaye, — soyez sûre qu'il y a dans ce coeur-là plus d'amour personnel que d'affection pour son frère et certainement pour moi. Sa douleur a été toute sa vie de ne pas être né le maître, et cette fureur de se mettre à la place de tout n'a fait que croître depuis nos malheurs, qui lui donnent l'occasion de se mettre en avant. »

Chose plus singulière encore ! d'un Napoléon gravé par Bertrandi, d'après Gérardot, un spéculateur subalterne, mais avisé, fit un autre Louis XVIII, rien qu'en changeant un peu la tête. Le corps resta tel quel avec sa pose impériale, et l'on fêta le chef-d'œuvre. C'est ainsi que Charles Ier d'Angleterre, décapité une seconde fois, avait été transformé en Olivier Cromwell, au moyen d'une tête ajustée sur ses royales épaules dans nombre de ses images burinées. Il y a mieux, la même opération avait été faite sur un grand portrait peint de la main de Van-Dyck, et je ne sais quel peintre du temps s'était montré si hardi que d'y remplacer la tête du roi par celle du protecteur. Rappelons enfin, en passant, ce portrait de la femme du peintre David gravé par Léopold Robert dans sa jeunesse, et donné par lui à un ami qui réalisa de bons bénéfices en le débitant sous le nom de la duchesse d'Orléans-Penthièvre :

… Falsi Simoentis ad undam

Libabat cineri Andromache.

Ceci rappelle ce peintre qui, présentant au Musée, pour l'exposition de 1848, une allégorie, sorte d'apothéose du roi Louis-Philippe, s'excusait sur la date de sa peinture, et ne demandait que quelques heures pour remplacer la figure du roi par celle de Fourier ou du général Cavaignac : — juste le temps de faire une révolution.

Entrez dans l'abbaye de Saint-Denis, déshonorée par la disparition de ses flèches, et méfiez-vous des effigies que la main inhabile de l'architecte,

M. Debret, a semées dans cet antique ossuaire des rois : qu'est-ce que ce prétendu buste de Marie Leczinska ? C'est une image apocryphe, introduite en fraude par l'architecte : — c'est la femme du sculpteur Jean-Guillaume Moitte, vieux buste de hasard ajusté jadis à la Louis XV par cet artiste habile, qui brillait sous la république, et qui, certes, ne se doutait guère du rôle posthume qu'on infligerait un jour à son œuvre, de famille !

Au milieu de tant de fausses attributions d'effigies, les chances d'erreurs sont donc nombreuses. Pourtant il n'en faudrait pas conclure que toute règle, que tout élément de certitude manquât à la critique iconologique. À côté des écueils que nous venons de signaler sont les points de repère. Au moyen-âge, les sceaux, les miniatures de manuscrits, les verrières, les sculptures et les fresques monumentales et votives ; à partir de la renaissance, les crayons : tels sont nos guides, tels sont nos fils conducteurs dans le labyrinthe des temps.

III – Les crayons

Dès le XIe siècle ; les archéologues constatent l'usage de remplir les édifices religieux d'effigies sculptées sur les tombeaux ou peintes à fresque sur les murs des chapelles de famille, — espèces d'ex-voto qui s'exécutaient sur une grande échelle, et qui, avec les peintures murales hiératiques et les verrières votives ou de pure décoration, émaillaient les grands vaisseaux consacrés au culte chrétien. Cette pratique générale s'est perpétuée Jusqu'au XVIe siècle. Les figures, représentées le plus souvent agenouillées et les mains jointes, ayant chacune son patron à ses côtés, étaient quelquefois de quinze à vingt pieds de haut. Si des inscriptions n'indiquaient pas le nom des effigies, les blasons qui les accompagnaient y suppléaient suffisamment. En effet, pour qui sait se donner la peine de le déchiffrer, le blason n'est pas qu'un vain jeu d'emblèmes ; c'est une sérieuse algèbre, une langue savante et féconde, un résumé de l'histoire des familles et des peuples. Il en est de cette science comme de la numismatique si la manie stérile de certains curieux a parfois justifié le ridicule que quelques esprits légers attachent à ce genre de recherches, des intelligences élevées et graves l'ont considérée sous un point de vue autrement juste, l'utilité. Toute l'histoire de la première partie du moyen-âge est dans le blason, comme celle de la seconde partie dans les peintures symboliques des cathédrales et les effigies votives, comme, dans les médailles, l'histoire de l'antiquité.

Malheureusement les iconoclastes de 1792 ont devancé ou achevé l'œuvre des temps, et presque toutes les images funéraires et historiques ont disparu sous une chemise de badigeon. Parfois, il est vrai, le badigeon s'écaille et laisse à découvert, — ainsi que cela est arrivé il y a quatre ou cinq ans à la cathédrale de Nevers, — les décorations primitives, en quelque sorte palimpsestes. Une autre église, l'un des plus riches monumens de l'art ogival du XIIe siècle, les Jacobins de Toulouse, vrai tabernacle étincelant d'or et de marbre, tapissé de fresques votives depuis le sol jusqu'au plus haut des voûtes, laisse aussi de temps à autre revivre ses antiques effigies et sa splendeur sous le badigeon qui s'écaille ; mais des iconoclastes modernes mettent bon ordre à cette résurrection, et l'administration du génie militaire dégrade et déshonore le pieux édifice : elle en a fait une écurie et un magasin à fourrage ! . Cette indigne profanation, il le faut espérer, ne sera pas éternelle : le monument sera rendu au culte et à l'étude, et l'on pourra y suivre les origines de la peinture en France. Là, comme dans les autres restes de la portraiture monumentale dont la naïveté pleine de finesse rachetait l'inexpérience gothique, on verra comment, pour la reproduction des traits humains, la renaissance est reliée aux époques florissantes du pinceau et quels services elle peut rendre à la critique archéologique.

Héritier d'un art dans l'enfance, le siècle de François Ier fut témoin d'un phénomène extraordinaire : — sans compter notre admirable sculpture du XIIIe siècle, si éminemment indigène, la sculpture et l'architecture atteignirent tout à coup, à la renaissance, une hauteur que, Michel-Ange excepté, nul maître de l'Italie n'a dépassée. Pierre Lescot, Jean Bullant, Pierre Bontemps, et, avant tous, Jean Goujon, Philibert de Lorme, Germain Pilon, génies vraiment artistes, nés d'eux-mêmes, essentiellement originaux et nationaux, formèrent une glorieuse pléiade à jamais chère au pays ; mais, par un étrange contraste, avant le Rosso et le Primatice, appelés par François Ier pour diriger les peintures de ses maisons royales, la France, on l'a vu, ne pratiquait la grande peinture qu'en informes effigies murales, en verrières et en cartons à tapisseries. L'industrie où excellaient se peintres se renfermait modestement dans le cadre étroit des vignettes de livres, et l'exquise et studieuse patience des maîtres imagiers ou miniaturistes de missels ne trouvait guère à le disputer qu'à la naïveté gothique de peintres d'ex-voto ou de rares peintres de portraits à l'huile. Le portrait en miniature abondait dans les livres ; mais, à vrai dire, il n'était qu'une branche de la décoration des manuscrits il n'usait que du vélin ; l'emploi de l'ivoire, consacré par les modernes, lui était inconnu. Tout l'art français était là, quant à la peinture.

Chose remarquable ! tandis que l'Italie enfante sans les compter ses admirables écoles, la France, timide et inféconde, n'en offre qu'un reflet à demi éteint. Rien ne naît de soi-même, tout est le produit de la réminiscence et de l'imitation. Le successeur du Primatice, Toussaint du Breuil, un Français, se montre plus Florentin que le Rosso lui-même. Aussi l'histoire de nos peintres va-t-elle se confondre et se perdre dans celle des peintres italiens, et l'art français alors ressemble, pour ainsi parler, à cet arbre du poète qui s'étonne de porter un feuillage étranger et des fruits qui ne sont pas les siens. Ce n'est qu'au moyen-âge, au XIIIe siècle, qu'on est en pleine France et qu'on goûte sans mélange la pure saveur de l'art national.

Le goût de François Ier pour la peinture n'avait pas été contagieux à sa cour, le portrait était la seule chose qu'on fit peindre, si l'on faisait peindre quelque chose. Qui se serait avisé alors d'acheter des tableaux et de fonder une galerie [12] ? Clouet dit Janet, mélange d'Holbein et de Léonard ; Du Monstier, plus précis encore que Janet et d'une finesse un peu allemande ; Corneille, de Lyon, qui plus tard, peignit l'escadron de beautés provoquantes de la cour de Catherine de Médicis, ne tentèrent que, peu ou point d'excursions dans un autre domaine que celui du portrait. Janet fut à peu près le seul qui essaya quelques compositions. Enfin partit Jean Cousin, peintre, sculpteur, architecte et graveur, mais le plus souvent peintre verrier : talent vrai, original, quoique touché des traditions italiennes, et duquel pourrait dater la peinture en France [13]. Malheureusement il ne fit point école, et s'il éclaira un instant l'époque d'une chaude demi-teinte, on vit à sa mort l'art se noyer de nouveau dans un sombre crépuscule dont il n'était donné qu'au Poussin et à Le Sueur de faire plus tard sortir le jour.

Cependant le modeste, dessin de portrait, sorte d'imitation de la peinture, au moyen de la pierre noire rehaussée, de sanguine et de crayon blanc, maintenait à sa manière les traditions et conservait le dépôt des arts. Nul doute que ce genre n'eût gagné à être pratiqué par des peintres d'histoire, eux à qui l'on doit les meilleurs portraits ; mais les dessins y eussent perdu en naïveté ce qu'ils eussent gagné en style et en idéal. D'ailleurs, les peintres d'histoire étaient à naître, et la compensation que nous offrent les dessins d'alors a bien son prix. On leur donna, à cause de leur mode d'exécution, le nom de crayons, que le temps a consacré.

Généralement, dans ces crayons, la franchise de la pose, la fidélité du costume, le disputent le l'ingénuité à la fois fine et délicate de la physionomie. On voit à je ne sais quel accent d'individualité que c'est la nature prise sur le fait. C'est, en un mot, la ressemblance du miroir, mais sans exclusion des privilèges de l'art véritable, à savoir le choix, le caractère, le style, le sentiment propre du dessinateur, un rayon d'idéal qui glisse sur la réalité de l'image. Nos bibliothèques publiques et les cabinets particuliers possèdent des recueils nombreux de ce genre d'effigies. Voilà encore une de nos gloires méconnues à relever, et dont les matériaux menaçaient de s'annuler dans l'éparpillement, le pêle-mêle et l'obscurité ; voilà donc aussi des sources précieuses de documens iconologiques. Cependant, si - abondantes qu'elles puissent être, ce sont des sources qui demeureraient muettes, si une sagacité courageuse et sévère ne savait rendre la vie aux monumens qui les composent et qui sont presque tous, sans noms de personnages et d'auteurs. Il n'est pas douteux qu'il n'y ait là une chaîne de plusieurs générations d'artistes dont il faut savoir retrouver les anneaux. Une coupable paresse d'esprit pourrait seule attribuer en masse à Janet et à l'un des Du Monstier ces œuvres anonymes qui suivent pas à pas la période historique si colorée et si vivante de François Ier à Louis XIII, un siècle plein, et qui, chemin faisant, passent par toutes les révolution du goût. Plus les crayons s'éloignent des origines de la renaissance, plus ils laissent sur la route l'affectation du contour, la gothique négligence, du modelé ; plus aussi, en revanche, ils prennent du corps sous le feu de la couleur et donnent au modelé de l'accent et de la force. En définitive, ces crayons qu'étaient-ils ? des études précieusement tracées d'après nature et destinées à l'exécution de peintures à l'huile, comme le recueil si connu des portraits de la cour de Henri VIII par Holbein ? ou bien des cartons offerts au pinceau des émailleurs ? ou bien encore un art particulier qui ne cadrait qu'avec lui-même et ne s'ajustait à aucun autre art ? Je crois qu'ils étaient à l'occasion tout cela, et que cet art perpétué est le père du pastel dont nous avons tant de chefs-d'œuvre, et dont l'histoire commencerait à Janet pour continuer à Nanteuil et à la Rosalba, finir à l'inimitable de Latour et s'éteindre en sa pâle copie, Mme Vigée-Le Brun. Le crayon a tout le parfum d'un art national, car lorsque Fréminet, ce singe maladroit de Michel-Ange, préconisa la grande manière ; quand les élèves de Vouet, Le Sueur excepté, se pressaient en extase, chez le premier maréchal de Créquy, autour des tableaux du Guerchin, du Guide, de l'Albane et des autres divinités du jour, célébrées par leur maître, le crayon persistait dans sa naïve simplicité sans prendre le mot d'ordre de personne, sans prétendre agrandir la nature en la maniérant. Ce fait est d'autant plus remarquable, que, sous l'art des petites compositions peintes de Janet, on voit transpirer le sentiment italien, comme la nacre transparaît à travers une mer limpide. Les rares peintures de ce même artiste et ceux de Du Monstier se rapprochent davantage de la naïveté de leurs crayons. On retrouve le même caractère dans nos vieux maîtres de Troyes, de Tours et de Toulouse, types charmans, si peu connus depuis que leurs plus beaux ouvrages ont péri, en 1661, dans l'incendie qui consuma, au Louvre, la galerie dite des Rois.

La plus belle collection de crayons du XVIe siècle qui ait existé après celles de la Bibliothèque nationale et de la bibliothèque Sainte-Geneviève, c'est la collection, malheureusement aujourd'hui disséminée, du courageux peintre archéologue Alexandre Le Noir. L'ardeur savante de cet homme vraiment artiste avait réussi à sauver, en les mettant sous l'égide de l'art et de l'histoire, quantité de crayons du plus beau temps avec d'autres effigies de tout genre. Il les avait achetés pour sa collection privée partout où les héros de la terreur violaient les palais, les châteaux, les cabinets particuliers et les tombeaux. Plusieurs bibliothèques de province possédaient aussi de précieux crayons ; mais la plupart des conservateurs ignoraient la valeur de ces trésors. On aura peine à croire, par exemple, ce qui s'est passé à Nancy il y a dix à douze ans. La ville était devenue, on ne sait à quel titre, propriétaire d'un certain nombre de ces crayons provenant de la collection célèbre du comte de Béthune, et dont plusieurs portaient l'inscription suivante : Fait par et pour Daniel Du Monstier. Un certain Alnot, cuisinier maître d'hôtel de son état, nommé conservateur du musée à raison de son goût pour les vieilles toiles, eut l'idée de proposer de se défaire de ces ombres de portraits. Le conseil municipal, composé d'honnêtes marchands de broderies, approuva le cuisinier, et les portraits, dont un célèbre amateur artiste, le baron de Schwiter, a recueilli plusieurs d'une beauté rare, furent disséminés à quinze sols la pièce.

Tous les crayons sont, je l'ai dit, pour la plupart anonymes. Aussi les questions à débattre pour donner son rang à chaque maître dessinateur, pour établir nettement l'identité du personnage représenté, entraînent-elles des difficultés graves. Toutefois, s'agit-il du siècle de Louis XIV, les recherches sont aisées, car les monumens abondent. C'est une des gloires de notre pays, une gloire unique que ne saurait nous disputer aucun peuple, d'avoir produit à cette époque, dans le genre du portrait, une myriade de graveurs tels que Claude Mellan, François de Poilly, Nicolas Pitau, Gérard Edelinck, qui reçut les conseils de ces deux derniers et les laissa si loin derrière lui ; Robert Nanteuil, Antoine Masson, Pierre Drevet, Gérard et Benoît Audran, Jean Morin, Jean Pesne, Pierre Van Schuppen, Corneille Vermeulen, Jean-Louis Roullet, Jean Lenfant, Simon Thomassin, Claude Duflos, et tant d'autres dont les burins du siècle suivant ont continué le talent et la fécondité. Il était de mode alors de se faire graver ; les graveurs étaient habiles : la cause et l'effet réagissant mutuellement l'une sur l'autre, nous ont valu des chefs-d'œuvre impérissables.

S'agit-il du règne de Louis XIII, les documens peints ou gravés ne sont guère moins abondans. Au premier rang se placent la suite des portraits de Rubens et le précieux recueil gravé sous les yeux de Van Dyck d'après ses portraits, et dans lequel se trouvent dix-sept ou dix-huit eaux-fortes de sa main. Il y a d'après lui encore un autre recueil intitulé les Comtesses, lequel contient une douzaine d'effigies de femmes avec deux hommes. Les collections de Moncornet, de Daret, de Boissevin, de Van der Werff, de Houbracken, sont encore à consulter avec quelques autres qu'il serait trop long d'énumérer.

Que si l'on veut remonter de degré en degré jusque vers la renaissance, jusqu'à François Ier, la marche du curieux et de l'artiste est, pour la France, moins facile et moins sûre. Il nous faut le céder à l'Italie pour le nombre et pour l'importance des portraits peints. Ainsi, le palais ducal de Florence possède une galerie de grands hommes et une galerie de peintres peints par eux-mêmes Il y en a près de cinq cents, pour la plupart authentiques. D'un autre côté, si l'on y prend bien garde, on trouve que, dans les tableaux de maîtres primitifs antérieurs ou postérieurs au Giotto, à Van Eick et à Hemling, les personnages portent au front une telle force d'individualité ? qu'évidemment ce sont des portraits. On en découvre de temps en temps les noms par la confrontation avec d'autres monumens contemporains. Les grandes Noces de Cana de notre Musée, peintes par Paul Véronèse, offrent, sous la figure de l'époux et de l'épouse notre roi François Ier et la reine

Hélionneur, comme on l'appelait alors, c'est-à-dire Éléonore d'Autriche, sœur de Charles-Quint, dont elle a tous les traits. On y voit encore le Titien, plusieurs autres peintres contemporains, et la célèbre poétesse Vittoria Colonna. Il en est de même de beaucoup de tableaux de nos maures : par exemple, la Cène de Philippe de Champaigne, au Louvre, est une galerie de portraits des glorieux solitaires de Port-Royal. Philippe de Champaigne, qui avait une de ses filles à Port-Royal-des-Champs, était le peintre ordinaire des jansénistes ; Mlle Hortemels, leur graveur. Les vues et batailles de Van der Meulen sont de toutes parts semées de portraits. Il en est de même encore des verrières et des tapisseries : les donateurs s'y faisaient représenter. On possède au musée Du Sommerard une histoire du roi David en tapisseries probablement flamandes, où David est le roi Henri VIII d'Angleterre, et Bethsabé, Anne de Boleyn. Néanmoins, encore une fois, quant à ce qui touche la peinture de portraits sous la renaissance, les moyens de repère et de confrontation sont loin de répondre, chez nous, à l'abondance des matériaux de l'Italie.

Il ne suffit pas, d'ailleurs, d'avoir constaté dans les crayons l'exactitude de l'image représentée, il reste à découvrir l'auteur du portrait, et la tâche devient plus rude encore. C'est à regretter ces banderoles gothiques partant de la bouche des personnages, et qui d'un coup mettaient au courant de leur généalogie et de leurs affaires. On a quelques noms d'artistes épars dans certains livres contemporains ; on n'a sur eux nulles notions biographiques. La bibliothèque de la rue Richelieu possède un recueil de crayons de la cour de Henri II et de Henri III, dont l'un porte le nom d'un artiste inconnu, nommé Fulonius. De nombreux crayons sont signés de Daniel Du Monstier : son faire est connu, il n'y a pas à s'y tromper ; mais de rares ouvrages sont signés d'un Du Monstier dont le prénom est Pierre. Un seul l'est de Nicolas Quesnel. Comment réintégrer l'homme dans son œuvre ? comment rendre à César ce qui est à César ? en un mot, à quels signes secrets reconnaître les maîtres : Clouet dit Janet, bien qu'il s'appelât François, et Marc Duval, et Levaillant, et Lagneau, et Vande, peut-être même les deux Porbus ? On sait bien que l'ardent collecteur Lacroix du Maine vante une certaine Élisabeth de Duval, Parisienne, qui était, dit-il, fort excellente pour le crayon et encore pour autres choses requises à la pourtraiture ; mais c'est tout ce qu'on sait d'elle : rien de sa main qui, soit signé. Toutefois il faut se dire, avec Mme de Maintenon, « qu'il en est de beaucoup d'entreprises comme de battre le briquet ; on n'y réussit que par des efforts réitérés et à l'instant où l'on désespérait du succès. Tôt ou lard, en effet, la vérité se manifeste, et souvent les monumens les plus disparates en fournissent les élémens. Un portrait est comme un fait historique : quand deux auteurs contemporains, placés dans des camps opposés ; affirment ce fait, on doit le présumer vrai. De même, quand des portraits dessinés ou peints, quand des médailles, quand des sculptures du temps, exécutées par des artistes divers et accrédités, confirment un portrait, on ne saurait le ranger parmi les apocryphes.

Un savant amateur au cœur d'artiste, M. Niel, a entrepris de lever les difficultés si ardues que soulèvent les crayons. Collecteur depuis nombre d'années de portraits de ce genre, amoureux du vrai autant que du beau, il a entrepris un recueil iconographique des crayons les meilleurs et les plus curieux historiquement qui soient dans les collections publiques et particulières. Déjà plusieurs livraisons ont parti qui peuvent, sur son plan et sur l'habileté d'exécution de son œuvre, donner la plus heureuse idée [14]. Médailles, portraits peints, gravures du temps, il a tout conféré. Ne s'en tenant point aux monumens des arts, il a fouillé encore les monumens écrits et imprimés : mémoires, traités professionnels, correspondances autographes, monographies des provinces et des villes, même les vieux poètes. Les maîtres graveurs du XVIe, siècle et des commencemens du XVIIe ont tout le sérieux de l'art ; il les a mis à contribution. Il savait trop bien que la plupart des grands personnages de ce temps ont passé par leur burin. Tout ce que le docte M. Niel a fait de vaillans efforts pour deviner et pour entrer ensuite de la divination dans l'induction, de l'induction dans la preuve, est incalculable. De ce procédé naît à la fin une rigueur de méthode qui poursuit dans ses dernières conséquences le possible et fait jaillir le vrai. Aussi j'avoue que, parmi les personnages dont il a déjà donné les effigies et sur lesquels il a écrit des notices où l'histoire et, l'iconologie trouvent également leur compte, il n'a laissé aucune trace d'obscurité. Sans affecter le caractère pédantesque d'une dissertation, son travail en a la substance, et, chose rare, l'écrivain sait conclure. On ne peut qu'encourager de telles recherches de goût, d'érudition et d'art inspirées par notre histoire. Elles sont la joie des temps de calme et la consolation des temps agités.

Les gravures de l'ouvrage de M. Niel offrent d'exacts fac-simile des crayons ; la dimension en est la même. Ces gravures, exécutées par un jeune artiste du nom de Riffaut, sont imprimées en couleur à plusieurs planches. La réussite de la plupart de ces gravures est telle qu'il y aurait à s'y tromper. L'oeuvre fait grand honneur à l'artiste qui lutte si résolûment avec les fac-similé de Hans Holbein, gravés en Angleterre par Bartolozzi, et dont Horace Walpole nous a raconté la curieuse histoire.

Ces crayons d'Holbein avaient été vendus en France après la mort du grand peintre de Bâle. Ils sortirent de France pour être offerts en présent par M. de Liancourt au roi d'Angleterre Charles Ier. Le roi les échangea avec le comte William de Pembroke contre le Saint George de Raphaël, qui est maintenant au Louvre. Lord Pembroke, à son tour, les donna au comte d'Arundel, et, depuis la dispersion du cabinet de ce célèbre amateur, on n'en suivait plus la trace. On s'en souciait d'ailleurs aussi peu à Londres qu'on s'inquiétait chez nous de ces régals de crayons qui sont notre histoire d'un siècle. Il faut cependant qu'ils aient été acquis d'une façon ou de l'autre par ou pour la couronne d'Angleterre, car un jour, en 1727, la reine Caroline, ouvrant de fortune les tiroirs d'un cabinet au palais de Kensington, y trouva ces portraits, qu'elle signala avec admiration à George II,' son mari, qui venait de monter sur le trône. De ce moment les crayons firent du bruit, et l'on songea à les graver. La collection se compose de quatre-vingt-neuf pièces, dont un petit nombre de répétitions. Beaucoup de ces portraits crayonnés sont d'une beauté extraordinaire et réellement vivans. Sous certains rapports même, ils sont préférables aux peintures finies, en ce qu'ils ont tout le feu du premier entrain, qui s'éteint sur la toile quand la nature n'est plus là pour le rallumer. Ce ne sont cependant que de simples traits à peine ombrés, sur papier couleur de chair, relevés de sanguine et parfois de légers frottis de pastel. Tous ces dessins font aujourd'hui partie du cabinet particulier de la reine d'Angleterre [15].

IV – Apocryphes de la mode et de la manière

On vient de voir, combien l'étude des crayons peut aider à découvrir les supercherie de l'esprit de calcul et les erreurs de la fausse érudition ; mais l'erreur est un Protée, et, dans les portraits même dont l'authenticité n'est point en question, il y a encore à faire la part du faux. Ici le faux, c'est la convention c'est la mode. Les femmes, par exemple, veulent être peintes non telles qu'elles sont, mais telles qu'elles se rêvent. Les modèles payans exigent telle pose, telle étoffe, telle couleur, quand le goût commanderait telle autre. Les grands peintres, épris, avant, tout du pittoresque, n'ont déjà que trop de tendance à regarder la ressemblance matérielle comme un mérite secondaire : tout est perdu pour l'art sérieux dès qu'enchaînés par l'humeur du modèle, ils ne peuvent plus se livrer à l'essor de leur verve. Et puis, à force de copier les faces humaines, si différentes qu'elles soient d'ailleurs, on tombe dans l'univers, dans une sorte de convention qui, pour ainsi parler, se fige en une habitude de l'esprit et de la main. La seconde vue dans les arts sort des profondeurs de l'intelligence et de la perfection des organes ; mais que de degrés du talent au génie qui s'en tient à la nature ! Chaque école, chaque pays a ses procédés et sa manière. Tel peintre voit gris ; tel autre, jaune, rouge ou vert, et inflige forcément au portrait sa recette et sa routine. Pour trouver des exemples de cette nouvelle variété de l'erreur, nous ne saurions mieux nous adresser qu'à la peinture française de la fin du XVIIe siècle et de la plus grande partie du XVIIIe.

L'Angleterre fut toujours la terre classique du portrait, surtout depuis les leçons d'Holbein et de Van Dyck. On y rencontré d'abord un élève de Rubens, l'Ecossais George Jameson, homme habile, dont le pinceau assez large et transparent dissimulait le travail et cherchait le caractère. Sir Peter Lely, un Westphalien, sir Godfrey Kneller de Lubeck, l'Anglais sir James Thornhill, qui s'adjugèrent à Londres l'héritage de Van Dyck, furent les jouets de l'inconstance des goûts de leur temps. Le premier, imitateur parfois heureux de Van Dyck, mais sans l'éclair au front, sans ce feu magistral qui semble, si l'on peut dire, emporter la nature au bout du pinceau, rendit avec le même éclat factice, avec la même langueur, et le rude Cromwell et les beautés de la cour galante de Charles II. « Je veux, lui dit Cromwell, quand il lui donna séance en 1653, que vous mettiez tout votre talent à me peindre au vrai, tel que je suis. Point de flatterie, ou je ne donne pas un sou du portrait. Remarquez bien toutes ces rugosités, tous ces boutons, toutes ces verrues, etc. ; remark all those roughnesses, pimples, warts, and eveny thing as you see me. » - Lely obéit, et ne fit grace ni d'un bouton ni d'une verrue ; la rudesse est là, le génit est absent [16]. Kneller, dénué déimagination, manque encore plus de caractère ; Thornhill est sans nature et sans charme. Il fallait la venue de sir Joshua Reynolds pour relever la peinture anglaise de tout ce médiocre. Ecrivain et peintre, il donnait à la fois le précepte et l'exemple. À la vérité, peu sûr de la forme, il ne l'obtenait qu'à force de retouches ; mais, nourri de l'étude des grands maîtres vénitiens, il les continait avec ardeur, tout en restant lui-même. De l'éclat transparent de Rubens et de Paul Véronèse, de la vigueur du Titien et de Rembrandt, de la fraîcheur et de la vérité de Vélasquez et de Van Dyck, il s'était fait, à un degré inférieur, un style plein d'harmonie ; il pratiquait la science de tous les grands effets lumineux, et fondait la belle et moelleuse manière qui constitua depuis le caractère de l'école anglaise.

Autour de cette stella perennis de l'école se groupaient des peintres d'un vrai talent, entre lesquels se distinguait Thomas Gainsborough, artiste charmant, aussi peu maître de la forme que Reynolds, mais d'une race naïve que n'altérait aucune réminiscence d'école, et qui peignit les enfans comme les peignait le Dominiquin, comme Lawrence ne sut jamais les peindre. À Reynolds, les femmes ; à Gainsborough, puis à Lawrence, les enfans. Celui-ci, qui eût pu être l'un des plus grands peintres modernes, si, au lieu de se livrer aux caprices d'une verve banale, d'une touche conventionnelle, il eût mieux compris que la vraie poésie ne découle que de l'imitation sincère de la nature, — ne s'est pas toujours écarté de cette mère génératrice de toute beauté. C'est un séduisant caractère, c'est la fantaisie qui lui est propre, qu'il introduit dans ses fonds, dans l'arrangement des habits et de tous les accessoires ; c'est ce je ne sais quoi de lui-même qui fait de tels de ses portraits des tableaux véritables, des morceaux de galeries. Nul mieux que lui ne connut l'art de trouver de la grace dans nos mesquins ajustemens modernes, et ne prouva mieux par l'exemple que les ajustemens grecs de l'empire n'étaient en général que des aveux d'impuissance. Il est des qualités qu'il a possédées à un degré supérieur : parmi les modernes, qui est plus fin que Lawrence ? qui dessine mieux les contours d'une tête ? qui en modèle le mieux les détails ? qui surtout rend mieux le regard ? Et pourtant, à l'époque de son talent complet, comme on sent partout l'artiste et non pas le copiste servile ! Aussi a-t-il produit de prime saut des croquis vivans comme la nature. Différent de tant d'autres artistes, de Reynolds lui-même, qui ont besoin de tout leur orchestre pour éclater, il rayonnait tout entier dans un simple crayon ; mais, idolâtre de la mode, sa manière use trop de coquetterie et d'artifice L'air fashionable qu'il s'étudiait à donner à tous ses modèles mit plus d'une fois en danger la vérité des ressemblances, et, s'il eut cette qualité saillante, qu'il ne perdit jamais de vue le principe du charme naturel qui forme l'attribut distinctif du beau sexe, il faut avouer aussi qu'il eut le défaut de cette qualité, et qu'à force de molle élégance dans l'ensemble, à force de regards allumés ou baignés dans la langueur, il donna maintes fois à ses modèles un air libre et provoquant. En résumé, sir Thomas, malgré tous les défauts qui déparent son talent, trop éloigné de l'austérité des règles de l'art, fut un coloriste plein d'éclat, un peintre d'expression et de merveilleuse adresse. Du milieu de la Plèbe de figures obscures qui malheureusement a si fort absorbé son pinceau, se détachent quelques belles effigies dignes de la postérité : hommes politiques, poètes, artistes, savans, beautés illustres. – William Pitt, la comtesse Gower, aujourd'hui duchesse de Sutherland ; lord Aberdeen, lady Cowper, si Francis Baring et sa famille, lady Georgina Agar Ellis, maintenant lady Dovor douairière ; le pape Pie VII et le cardinal Consalvi, le Pitt de Rome, comme Lawrence l'appelait ; lady Blessington et miss Croker, maintenant mistress Barrow, ont reçu de son pinceau une vie nouvelle et doivent compter parmi ses chefs-d'œuvre. Il faut y placer encore le sculpteur Flaxman, le peintre Fuseli et mistress Wolfe ; mais c'étaient là des portraits d'amis ou des enseignes à réputation auxquels on donne la fleur du pinceau, « le dessin de tous les paniers ; » comme disait Mme de Sévigné, la grande coloriste.

Des enseignes à réputation, ce mot dit tout. Voyez Van Dyck. Le roi Charles Ier d'Angleterre l'appelle à sa cour, l'y loge, lui demande de le peindre. L'artiste, avant de prendre le pinceau, veut avoir lu à livre ouvert dans cette ame royale ; il passe huit jours avec le roi dans sa galerie de tableaux ; il observe en son modèle ces lueurs fugitives de la physionomie qui livrent les secrets du cœur. Aussi, quand il se met à l'œuvre, il fait miracle : dans cette tête dit premier gentilhomme de son royaume sont gravées en traits ineffaçables toutes ses destinées. Van Dyck jeta de même son temps à pleines mains pour les grands personnages de cette belle galerie décorée de son nom au château de Windsor. Il fut également prodigue et pour la duchesse de Southampton, et pour le comte d'Arundel, et pour quelques antres grands d'alors ; mais vint le moment où, ne pouvant se dominer assez pour rester long-temps en place devant la même toile, il régla la durée de ses séances comme un maître d'escrime [17].

Est-ce de cette façon expéditive que procède la grande peinture sérieuse ? Non, assurément. L'art vrai vend cher aux artistes ce qu'on croit qu'il leur donne, et l'abus de la facilité mène à de cruelles défaillances les plus heureux génies ; mais dans les portraits d'amis ils se relèvent. Le célèbre peintre d'animaux et de paysages Oudry, qui a peint aussi de beaux portraits, et qui était élève de Largillière, dit, à ce sujet, dans un morceau inédit : « Un jour, je le priai de trouver bon que je le visse peindre d'après nature une tête dont je devais faire plusieurs copies. Ce n'était pas de ces têtes courantes qu'il expédiait quelquefois un peu légèrement ; c'était une tête d'ami, d'un beau caractère, et que cet excellent maître travailla avec tout l'art et le goût dont il était capable. Je puis dire que je dévorai jusqu'au moindre de ces procédés, et je m'étais tellement rempli l'esprit de la fabrique de cette tête, que je comptais la savoir par coeur... » Tous les peintres de portraits procèdent d'abord comme Van Dyck et Largillière. Un parent, un ami, victime dévouée, est assassiné de séances ; l'artiste lutte vaillamment avec la nature ; il s'attaque aux profondeurs de l'ame de son modèle ; il goûte à pleins bords la mâle saveur de l'art : — c'est beau. Ainsi les peintres du milieu du dernier siècle produisirent, pour l'académie de peinture, les superbes portraits de leurs confrères qu'on voit à l'école des Beaux-Arts. Ainsi encore Pagnetz produisit son chef-d'œuvre, l'un des chefs-d'œuvre de l'école française, ce fameux portrait de M. de Nanteuil qu'il fit toute sa vie. L'oeuvre était faite et parfaite, qu'il se dévorait de l'envie de nouvelles séances et les implorait à genoux. Mais après les amis viennent les modèles payans ; on se néglige l'art déserte et s'éteint dans la fadeur du pêle-mêle. Gérard a commencé par peindre Mlle Brongniart, depuis la baronne Pichon, qui est son chef-d'œuvre. C'est étudié et rendu en maître. Hélas ! qu'a-t-il fait ensuite dès que le tourbillon de la mode l'eut emporté ? Son premier portrait est bien réellement Mlle Brongniart ; quelques autres portraits d'amis, — Isabey, Ducis, Ganova, — exécutés dans le même principe, sont vrais et beaux. Le reste, c'est tout le monde, c'est un mannequin de convention.

Je sais qu'à toute époque la mode du costume, de l'air, les ajustemens, des affectations du jour, que chacun subit plus ou moins sans s'en douter, donne jusqu'à un certain point à tous les modèles un premier aspect identique. Cependant cette physionomie générale n'est qu'un voile fugitif pour l'artiste qui sait voir et dégager le vrai. Malheureusement combien en est-il qui à cette mode générale du temps ne viennent pas ajouter leur mode particulière, autre ennemie de la vérité ! Les Van Dyck ont amené le portrait fier, la tête renversée en arrière, le poing sur la hanche ; les Rigaud, le portrait d'apparat aux draperies flamboyantes ; les Largillière, le portrait aux étoffes plus tapageuses encore et à la main droite ouverte avec l'indicateur en avant ; ainsi de suite. Convention, toujours convention ! Sous le consulat, quand la mode voulut tout à l'antique, on ne donna plus aux femmes que des profils grecs, et David et Gérard firent un nez droit du nez aquilin de Mme Récamier [18]. Greuze, plein de grace, à la manière près, dans la force de son talent, avait si bien une figure toute faite au bout de son pinceau, qu'il trouva moyen, dans sa vieillesse, peignant l'empereur Napoléon, de lui donner la figure de sa jeune fille à la cruche cassée [19]. Aujourd'hui, la mode est de baisser les épaules des femmes pour en faire autant d'Edith au cou de cygne. La plupart de nos peintres les peignent ainsi, et l'on s'étonnera un jour de ce dont nous ne nous apercevons même point. Grace à ce double mensonge, au lieu de la noble créature que Dieu anima de son souffle, on n'a que des poupées. On a la poupée française du temps de Louis XIV, le front haut, l'œil impérieux ; on a tout cet attirail olympique que peignait Mignard dans le goût de l'hôtel de Rambouillet ; on a la poupée de la régence, vêtue d'azur et de nuages, comme on aura plus tard la poupée Pompadour. À travers ces chairs pantelantes, ces teints enflammés, ces paupières humides et demi-closes, tous les airs de tête sont les mêmes, sauf quelques exceptions ; du caractère, pas l'ombre.

Après la mode du moment et la mode des artistes, reste encore à compter avec telle ou telle mode de caste. Oui ne saurait décemment être brune à la cour, si la reine ou la maîtresse, ou l'idole du jour est blonde. La reine Anne était blonde ; la duchesse de Longueville, cette indolente et voluptueuse idole de la ville des frondes et des révolutions, était du blond le plus beau ; la reine Marie-Thérèse était blonde ; — toute femme qui se respectait, sous Louis XIV, devait donc être blonde de la veille, sinon de naissance ; pas de milieu. L'avènement de Mmes de La Vallière et de Fontanges, d'un blond un peu hasardé, ne changea rien à ces graves exigences, et la brune cachait son péché originel sous la poudre ou les tresses blondes [20] : — témoin la galante comtesse de Châtillon, qui avait le malheur d'être fort brune, à en croire une indiscrétion contemporaine, et se fit peindre en blonde. Le mot de blonde était alors synonyme de belle, de même qu'aujourd'hui encore, en Angleterre, Ce paradis des blondes, le mot fair a les deux significations. « L'Angleterre, dit Shakspeare, est un nid de cygnes au milieu des eaux. »

On le voit, tout concourt à tromper nos neveux en matière d'effigies, soit par la faute des peintres, soit même malgré eux. Le vrai est la minime exception, Poussin et Le Sueur mis en dehors de toute dispute. Pourtant, s'il y a justice à faire, il y a aussi justice à rendre. Par exemple, un artiste habile peint-il son propre portrait, il est rare qu'il n'en fasse pas un de ses chefs-d'œuvre, parce qu'il prend ses heures, se connaît et pose bien. Après tout, ce n'est là qu'une variété, du portrait d'ami. Le chartreux Bonaventure d'Argonne, ou plutôt Vigneul de Marville, dans ses Mélanges d'histoire et de littérature, a fortement raison de dire que l'amour-propre est un admirable peintre qui ne manque jamais ses coups, témoin le Poussin, Ant. Van Dyck, Eustache Le Sueur, Le Brun, Hyacinthe Rigaud, Pierre Mignard et tant d'autres, qui se sont peints eux-mêmes. « Que faites-vous 1 ? demandait-on à Mignard, un jour qu'il peignait le portrait de sa fille. — Je ne fais rien, répondit-il, l'amour-propre fait tout, et je le laisse faire. » Comment oublier, à cette occasion, l'ingénieuse tradition grecque qui prête à l'amour l'origine du portrait, laquelle fut en même temps celle du dessin ?

La main paternelle de Mignard produisit un aimable tableau de famille, conservé dans les galeries historiques de Versailles. La belle comtesse de Feuquières, peinte à mi-corps, tient dans sa main un croquis de la figure de son père.

Rien aussi de plus individuel que les portraits de la mère Angélique et de la mère Agnès de Port-Royal par Philippe de Champaigne ; rien de plus vrai que les portraits de Claude Perrault et de François Mansart peints, en 1656, sur une même toile, par le même artiste, toujours précis et fin, encore qu'un peu froid. Généralement les figures de Champaigne demanderaient plus de sève et de vie, et l'on pourrait sans injustice dire de lui qu'il n'est que le commencement d'un grand peintre, et que le mens agitat molem lui fait défaut. Toutefois ces portraits des deux nobles solitaires et ces portraits gémeaux de Claude Perrault et de François Mansart sont d'excellens ouvrages comptés parmi les chefs-d'œuvre du maître. Les portraits en pied de Louis XIV, de Philippe V, du grand Bossuet, au Louvre, et de Louis XV enfant, à Versailles, par Hyacinthe Rigaud, sont, les trois premiers surtout, de magnifiques portraits officiels. On trouve de dignes pendans des chefs-d'œuvre de Champaigne dans le Mignard et le Le Brun peints sur une seule toile par le même Rigaud, et le Jules Hardouin Mansart de ce maître est l'un des beaux portraits de l'école française. Quelques Claude Lefèvre, quelques Nicolas Largillière ont de l'étude, de la vigueur et de l'éclat. D'autres peintres du même temps, gens de moins de bruit dans la sphère du portrait que les Mignard, les Le Brun, les Rigaud et les Largillière, ont aussi fait des têtes bien vues, bien exécutées, et qui doivent être ressemblantes. Ainsi le portrait de Mlle Chéron, peint de sa propre main, est un excellent morceau de cette femme extraordinaire, en même temps musicienne, écrivain et peintre, et à qui nous devons encore les têtes fort bien faites de Nicole de Port-Royal, de Mlle de Scudéry, de Mme Deshoulières, de la comtesse d'Aulnoy et de Mme Guyon La quiétiste. L'honneur de la portraiture a été de même soutenu par Jean Jouvenet, dont Tortebat nous a, de son côté, donné un très beau portrait. Avec Joseph Vivien, qui a peint Fénelon, citons encore les frères Henri et Charles Beaubrun, qui ont beaucoup travaillé pour la cour de Louis XIV. Versailles possédait de Carlo Maratti deux superbes portraits autrement forts qu'aucun des tableaux de ce peintre de la décadence italienne : l'architecte Le Nostre et Marie-Madeleine Rospigliosi, plus connue sous le nom de la maîtresse de Maratti ; le musée du Louvre a revendiqué ce dernier tableau. Mlle de La Vallière, en nymphe chasseresse, robe de satin, à Versailles, est d'un pinceau plein de la bonne volonté de bien faire et doit avoir ressemblé. Enfin, la duchesse de Fontanges, au Louvre, par Simon Verelst, est d'un si beau marbre, qu'elle forme un tableau agréable, tout froidement peint qu'il paraisse de près. Une chose y blesse singulièrement, c'est l'incarnat exagéré des lèvres qui, vu l'ombre du nez, donne à cette beauté illustre, comme à d'autres beautés du siècle, « .l'air d'un perroquet mangeant une cerise. »

Le public, toujours passionné, ne tire ses jugemens que de ses sensations ; également juste ou injuste par accès, il ne se laisse convaincre, en affaire d'art, que par séduction. Aussi s'est-il laissé prendre aux charmantes étourderies, aux jeux étincelans de l'école Louis XV ; mais à voir ce qui suivit, à voir les toiles plâtrées de l'empire, on s'ouvre malgré soi à l'indulgence pour le goût.Pompadour. Qu'est-ce encore, à côté, que tout ce papillottage de la petite peinture de nos jours, tripotée sans forme sur la toile avec le couteau à palette ? Oh ! que j'aime mieux mille fois ces adorables marionnettes du temps de Louis XV ! ces belles aurores si paresseuses à se lever ! Il y a délice au moins à faire halte dans ces boudoirs où le rêve flotte sur un fond de vague volumpté, à s'égarer dans ces bosquets embaumés d'opéra-comique à la Crébillon fils. Parfois il en sort des perles d'harmonie, de goût et de grace. Cherchez à Versailles, dans la précieuse galerie des attiques, les tableaux de Carle Vanloo, ce véritable artiste digne de naître à une époque plus sérieuse ; regardez la toile où il s'est représenté, au milieu de sa famille, peignant sa fille aînée, une délicieuse enfant de la race des fleurs, quatorze à quinze ans, lutinée par un frère espiègle ; est-il quelques chose de plus séduisant et de plus aimable ? Voici François Boucher, le peintre menteur, le grand étalagiste de chair fraîche, qui, suivant l'expression d'un artiste ancien, nourrissait de roses ses modèles, et fut le bouc-émissaire des débauches de couloir et de naturel dévergondé de son temps : son portrait, peint en buste avec les mains par ce même Vanloo, est tout simplement de l'excellente et forte peinture. Il faudrait un Meissonnier pour faire pâlir ce charmant bijou du salon du prince de Conti, en 1763, dans lequel le petit Mozart, âgé de huit ans, improvise sur le clavecin près de Géliotte qui pince de la harpe. L'auditoire se compose de plus de vingt grands personnages de l'époque ressemblans comme de bonnes miniatures. Eh bien ! ce tableau est d'un nommé Michel-Barthélemy Olivier qu'on connaît à peine. Une des perles de Versailles est le portrait de Marie-Françoise Perdrigeon, femme d'un certain Boucher, non le peintre, mais un secrétaire du roi. Un bon coloriste, Jean Raoux, l'a peinte en 1733, en pied, sous la figure d'une vestale.

Que de soins lui coûta cette tête charmante !

Rien de suave, de jeune, coquet et galant comme cette vestale souriante en satin blanc ; c'est un bouquet [21]. Il en est de même de Louise-Diane d'Orléans (Mlle de Chartres), princesse de Conti, que je crois de Nattier. Les portraits de la bonne reine Marie Leczinska et de Mesdames de France foisonnent, tous plus beaux les uns que les autres ; aussi sont-ils des grands faiseurs, les Carle et Jean-Baptiste Vanloo, les Jean-Marc Nattier, les Louis Tocqué, les François-Hubert Drouais, les Heinsius, les Belle. Celui de Carle Vanloo sent à plaisir la main facile de cet aimable improvisateur ; on ne peint pas avec plus d'aisance et de goût les ajustemens et les étoffes. Le portrait de Mme de Graffigny, par Tocqué, est charmant ; celui de la reine, vêtue par le même peintre d'une robe à fleurs, est un chef-d'œuvre du genre, un résumé de tout le siècle ambré de Louis XV, quand il est habillé. Le Louvre possède ces derniers tableaux, mais les attiques de Versailles sont semés de peintures de ce talent aimable sans effort, naturel sans exagération, souriant sans grimace, coloriste sans fracas. À tous ces hommes, comme aux Alexandre Roslin, aux Charles Natoire, aux Frédou, aux François Boucher, le plus emporté de tous, ne demandez pas du style : images de leur siècle, ils chiffonnent les figures de leurs beautés poupines à l'égal de leurs dentelles et de leurs brocarts ; ils les noient dans les fleurs et la gaze, le velours et la soie, jusqu'à ce que ces folles dévideuses de la jeunesse, jetant leurs voiles sur les premiers buissons de lilas en fleurs, ne conservent plus qu'un négligé à la mode qu'on ne saurait appeler un costume que par exagération. Peintres souvent étourdis, parfois sérieux, de tant de têtes légères, ils ont avant tout du charme et de la séduction : ils sont amusans, qualité si rare dans notre pays, où l'ennuyeux prévaut ! Il n'y a pas jusqu'aux charmilles que ces pinceaux égayés et fleuris ne fassent sourire à leur manière. Tenez, hier encore, je voyais à Versailles un portrait du peintre Jacques La Joue avec sa famille (qui connaît ce La Joue ?). Mon homme s'est peint lui-même, la palette à la main, dans un paysage, non de ces paysages épousetés de l'école du vieux Bertin, et où semble croître du cresson de haute futaie, mais libre et sans façon. À la pose du peintre, on dirait qu'il va répéter un menuet. Un doux rayon de printemps joue dans la feuillée tremblante, tandis qu'à la fraîcheur d'une fontaine, la femme, auprès de sa petite fille, écoute en bergère de Florian les soupirs de la nature qui se réveille, et qu'au-dessus de leur tête des essaims de couvées jaseuses gazouillent à l'envi, filant leurs notes aux zéphyrs. Je ne vous dorme pas cela pour un chef-d'œuvre, tant s'en faut ; mais Nuremberg n'a pas de plus joli joujou que la petite fille, et, somme toute, le tableau est bien la plus amusante idylle qui se puisse voir.

Qu'on ne s'étonne point que cette école immodérée et indisciplinée, plus préoccupée du piquant de l'effet que de la sévérité du dessin, noyât souvent le modelé des traits dans ses flots de couleur. Elle avait cependant, tout comme une autre, sa théorie du beau idéal. Les Mémoires de l'aventurier Casanova de Seingalt, frère du peintre de batailles, contiennent, sur ce sujet, un passage où il met en jeu le bonhomme Nattier qu'il avait connu à Paris, en 1750 : « Ce grand artiste, dit-il, avait alors quatre-vingts ans [22], et, malgré son grand âge, son beau talent semblait encore être dans toute sa fraîcheur. S'il faisait le portrait de une femme laide, il la peignait avec une ressemblance parlante, et, malgré cela, les personnes qui ne voyaient que son portrait la trouvaient belle... D'où lui venait cette magie ? Un jour qu'il venait de peindre les laides Mesdames de France, qui sur la toile avaient l'air de deux Aspasies, je lui fis cette question ; il me répondit : C'est une magie que le dieu du goût fait passer de mon esprit au bout de mon pinceau. C'est la divinité de la beauté que tout le monde adore et que personne ne peut définir, parce que nul ne sait en quoi elle consiste ; cela démontre combien est imperceptible la nuance qui existe entre la laideur et la beauté, et cette nuance, cependant, parait si grande à ceux qui n'ont aucune connaissance de notre art [23] ! » Tout ce beau langage va simplement à prouver que dans un temps où plus qu'en tout autre la laideur était un crime, l'indulgent Nattier flattait ses modèles. Trempé trop faiblement pour s'assimiler les maîtres et dominer son siècle, il se laissait emporter au train général de la convention et de la mode.

Du vivant de ces artistes, il n'était pas rare de les entendre comparer à Raphaël pour le dessin, au Corrège pour l'exécution, au Titien pour la couleur. Des exagérations aussi ridicules devaient amener une réaction, et le jour arriva où un dénigrement colère ne vit plus dans leurs œuvres que minauderie et barbouillages. Ni si haut, ni si bas. Qu'y a-t-il de minauderies efféminées dans les Chardin, dans la famille de Vanloo peinte par lui-même, dans les portraits de Marie Leczinska ? Eh quoi ! on fait les dégoûtés à l'encontre de ces lestes historiens du XVIIIe siècle, et l'on admire les plâtres enluminés, saupoudrés de sourires impossibles, de M. Winterhalter ! Encore une fois, cette école était de son temps, et ici rien de plus consubstantiel à l'idée que l'expression de l'idée. Nous sommes un peu, sans nous en douter, comme le duc de Mazarin, qui ne voulait pas parler à sa femme, parce qu'elle avait des mouches : nous enveloppons indistinctement tous les peintres du siècle de Louis XV dans le dédain que nous inspire cette société pomponnée, factice et sans cœur. Pourtant plusieurs de ces artistes ont un vrai mérite : ils sont réellement peintres. Ces hommes-là mettent la peau sur la chair, ils font vivre et palpiter ; ils peignent les mains comme on ne sait plus les peindre, et leurs têtes, parfois expressives, sont parfois aussi d'un bon modelé. Ils avaient encore des traditions de palette, des secrets de couleur, qui se sont évanouis et que rien n'a remplacés. Ils prenaient la peine de broyer eux-mêmes ou de faire broyer sous leurs yeux, dans leurs ateliers, leurs couleurs principales, non altérées comme elles le sont aujourd'hui. L'école de David, ennemie acharnée des idées de mouvement et de vie qui ont prévalu chez les peuples de l'Occident, s'est jetée dans le bas-relief pour se rapprocher du système grec : l'expression dans le calme. Voulant rompre avec les orgies de couleur, le maître a tranché dans le vif, et, dépassant le but, il ne s'est plus, en quelque sorte, servi des couleurs que pour dessiner le trait, non pour peindre. Aussi, depuis cette époque funeste à la peinture proprement dite, la science de la couleur est-elle à peu près rentrée dans les ténèbres. Rien ou bien peu, chez nous, de ce ragoût, de cette pleine pâte sans excès qui fait la gloire des écoles italiennes, qui donnait du corps et de la solidité aux œuvres de l'art. Les peintures de Gérard, de Girodet, de Guérin, poussent, au blafard, au vert et au noir, et sont indignement craquelées. Malheureux peintres qui ne sont ni vivant ni morts ! Il n'est pas jusqu'à Gros, le plus peintre de nos artistes modernes avec Prud'hon, chez qui la qualité de solidité ne soit absente : sa couleur verdit, s'évapore, et finit par laisser à découvert le tuf de la toile. Le feu lui sortait de toutes parts, son pinceau ne demandait qu'à s'enivrer de couleur, et chez lui le génie dominait souvent l'éducation ; mais les bonnes traditions lui manquaient, et le peintre manquait souvent à l'artiste, tandis que si les peintres du temps de Louis XV ne sauraient prétendre à la royauté du génie, ils auront eu du moins le bon esprit de vivre, parce qu'ils ont eu le secret de peindre.

Puisque nous en sommes sur le chapitre des modes divers de portraiture dans lesquels s'est glissée la convention, nous ne saurions oublier la miniature et le pastel. Le musée de Florence et les cabinets d'amateurs sont pleins de ces délicieuses miniatures à l'huile dont les maîtres de l'Italie, de l'Espagne, de la Flandre et de la Hollande nous ont légué de nombreux échantillons, qui souvent sont des chefs-d'œuvre.

L'aquarelle a eu aussi ses maîtres en miniature, et l'on se dispute avec raison, à des prix considérables, celles de Rosalba Carriera, qui brillait au siècle de Louis XIV, et celles de Mme Nattier, de Hall, de Fragonard et de Dumont, étoiles scintillantes du temps proscrit de Louis XV et du temps de Louis XVI Alors aussi le souverain du pastel, Maurice-Quentin de La Tour, était en pleine floraison. Celui-là, ennemi de la manière, n'en voulait qu'à la physionomie, à l'expression, en un mot à la pure nature. En son genre, c'est un maître. Il vivait familièrement avec les gens de lettres les plus distingués de son époque, et il en a laissé de beaux portraits. Le Louvre possède de lui le Maréchal de Saxe, le peintre Chardin, et la Marquise de Pompadour. Le dernier portrait, en pied et de grandeur naturelle, offre un ensemble séduisant de goût et d'harmonie ; mais la tête n'a pas ce puissant modelé, cette sève humaine qui fait fleurir le sentiment, la grace et la vie dans un autre chef-d'œuvre de La Tour, représentant la danseuse Sallé, celle que Voltaire, passant de l'atelier du peintre dans une loge de l'Opéra, célébra en un sixain triomphal, où la Camargo est de moitié. La Sallé n'avait point une biographie aussi romanesque que celle de la Camargo ; elle n'avait point, comme elle, pour oncle un grand inquisiteur d'Espagne, mais elle eut un peintre inimitable [24].

V – Portaits de Madame de Maintenon

On connaît les trois grandes sources d'erreurs entre lesquelles la critique iconologique doit frayer sa route et démêler le vrai : — erreurs d'érudition, supercheries industrielles, influences de mode ou d'école. Voyons maintenant à quelle variété de l'apocryphe, s'il y a apocryphe, pourrait appartenir l'émail de Petitot gravé pour M. le duc de Noailles ; examinons si Paolo Mercuri, ce grand artiste, ce voluptueux de la forme et de la couleur, aurait été trompé ici comme pour le Christophe Colomb.

Le premier portrait connu de Mme de Maintenon est celui où Mignard l'avait représentée jusqu'à mi-jambe, en sainte Françoise romaine, robe fond or, avec manteau doublé d'hermine, la main droite sur le cœur, la gauche tenant un livre sur ses genoux, auprès d'une table où pose un sablier. Ce portrait, peint pour la maison de Saint-Cyr, fondée en 1686, fut cédé par la comtesse de Grescy, dernière supérieure de cet établissement, au célèbre amateur des arts, M. Quintin Craufurd, et à la vente de ce dernier, en 1820, il passa dans le domaine de la liste civile. On en a plusieurs répétitions et de nombreuses copies : dans les unes, le fond est nu ; dans les autres, il est formé d'une bibliothèque. L'original primitif a été exécuté en 1694, par conséquent alors que Mme de Maintenon avait cinquante-neuf ans. Il est cité par l'abbé de Monville, dans sa Vie de Pierre Mignard [25], écrite sur les mémoires et sous les yeux de la fille de ce peintre, la comtesse de Feuquières. Cette toile produisit, en son temps, un effet extraordinaire, si l'on en juge par la lettre qu'adressait Mme de Coulanges, le 29 octobre 1694, à Mme de Sévigné : « J'ai vu, dit-elle, la plus belle chose qu'on puisse jamais imaginer ; c'est un portrait de Mme de Maintenon fait par Mignard. Elle est habillée en sainte Françoise romaine. Mignard l'a embellie ; mais c'est sans fadeur, sans incarnat, sans blanc, sans l'air de la jeunesse ; et sans toutes ces perfections, il nous fait voir un visage et une physionomie au-dessus de tout ce que l'on peut dire : des yeux animés, une grace parfaite, point d'atours, et, avec tout cela, aucun portrait ne tient devant celui-là [26]. » Voilà, avec la mention de l'abbé de Monville, un témoignage irrécusable d'authenticité, et en même temps une preuve de plus que, sur le mérite d'une œuvre d'art, il faut se défier des enthousiasmes contemporains. En effet, ce portrait si vanté n'est pas même un des bons de Mignard, à moins qu'il n'ait singulièrement changé sur la route ; il est sec et dur, et la figure est un masque.

Le second portrait représente Mme de Maintenon à l'âge de soixante à soixante-deux ans, en pied, assise, vêtue d'une robe noire, et ayant avec elle une princesse enfant qui est debout et peut avoir dix ou douze ans. La figure est rajeunie comme dans le précédent portrait. Celui-ci est au palais de Versailles, salle de la Vaisselle d'or. À en croire le catalogue, c'est un original de Rigaud, dont un duplicata, qui se trouve dans l'aile du nord, au même palais, serait une copie par Santerre. À voir les peintures, elles ne sont toutes deux que d'assez faibles copies qui ne rappellent aucunement ni le grand air ni la couleur des œuvres de ce maître. Ce seraient plutôt des copies de Mignard. Dans touts les cas, les mains sont d'un écolier, à moins qu'elles n'aient été gâtées par les restaurateurs qui ont assassiné nombre de peintures à Versailles, et des meilleures. Du reste, le portrait porte en soi tous les caractères de l'authenticité ; il est bien du temps et offre tous les traits de la Sainte Françoise de Mignard.

M. Craufurd comptait dans sa collection un autre portrait en petit, figure entière de Mme de Maintenon, par ce dernier peintre. Même robe fond or que dans la sainte Françoise ; même manteau doublé d'hermine retombant jusqu'à l'extrémité des pieds ; les manches retenues par des bracelets composés de rubis et d'émeraudes. La marquise, assise près d'une table chargée de livres, était dans l'attitude de la méditation, et l'ensemble du tableau rappelait de fort près le grand qui est à mi-jambe. C'est la petite toile dont Mme de Genlis, dans sa Vie de Mme de Maintenon, parle comme ayant été trouvée par le prince de Talleyrand à Bourbon-l'Archambult, chez une dame âgée dont la mère l'avait reçu en présent de Mme de Maintenon elle-même. Le prince l'avait donné à M. Craufurd.

Un troisième portrait de Mme de Maintenon, faisant partie de la galerie de ce même amateur anglais, était attribué à Louis Boullongne. Françoise d'Aubigné y était représentée assise près d'une colonnade à l'entrée d'un parc, tenant embrassé le petit duc du Maine. Les figures étaient entières, mais moins grandes que nature.

Or, dans toutes ces têtes, le nez légèrement aquilin se recourbe, et le bout en fait disparaître la cloison. J'ai même vérifié que Ficquet, en sa gravure, a un peu atténué cette forme plus marquée sur les originaux, tandis que dans le Petitot gravé par Mercuri, et qui représente Françoise d'Aubigné à vingt-cinq ou trente ans, le nez se relève. Une pareille différence est bien faite pour embarrasser, au premier aspect, sur l'identité du personnage. Avant d'aller plus loin, mettons le graveur hors de cause. S'il y a eu faute quelque part, elle n'est point de son fait : la délicieuse gravure de Mercuri est le Petitot tel quel ; rien de plus, rien de moins. D'un autre côté, je savais à l'avance qu'il n'y avait nul secours à attendre de l'examen de l'émail même, attendu que pas un des émaux de Petitot qui sont au Louvre (je les ai tous vus et maniés autrefois hors de leur cadre officiel), pas un, ni sur la face peinte, ni au revers, ne porte le nom du personnage représenté ; pas un même n'est signé du peintre. Le talent de Petitot signe pour lui, et, par parenthèse, je soupçonne fort d'être apocryphes les Petitot qui courent, par ce temps de contrefaçon, signés en toutes lettres ne varietur, comme ce tableau portant l'inscription fameuse : « Ceci est un cheval. »

On voit au musée du Louvre trois émaux de la main de Petitot représentant Françoise d'Aubigné bien avant sa royauté voilée. Le premier, qui a été gravé par Laugier, trois fois plus grand que l'émail, la donne à l'âge de dix-huit à vingt ans, quand elle était la femme de Scarron. C'est une figure d'Hébé dans le suprême éclat d'une beauté fine et délicate, coiffée de fleurs, la perle au cou, une guirlande de fleurs naturelles bordant la robe et s'épanouissant sur la poitrine. Le second est celui du livre de M. de Noailles. C'est encore Mme Scarron et non pas Mme de Maintenon, car Françoise d'Aubigné, devenue veuve, en 1660, à vingt-cinq ans, ne prit le nom de Maintenon qu'en 1675, alors qu'elle avait accompli ses huit lustres [27]. Le troisième portrait, enfin, représente une femme belle de sa seconde jeunesse, la tête coiffée du voile de veuve. Le front, les yeux, les sourcils, semblent être les mêmes que dans les deux premiers émaux : même forme de nez, c'est-à-dire que la cloison, descendant fort bas, laisse voir les narines ouvertes et relève le bout du nez ; mais les cheveux sont plus foncés, et la figure plus pleine fait différer de beaucoup la physionomie. Je ne reconnais pas non plus la bouche. En résumé, j'avoue qu'il y a dans ces détails et dans le tout ensemble trop de dissemblances pour que je ne redoute point là encore une attribution hasardée.

Je cherchais où frapper pour retrouver le type de ces trois émaux, quand le hasard me fit tomber sous la main une collection de ces thèses de théologie, de philosophie et de jurisprudence, qui, au XVIIe siècle, avaient tant d'éclat. C'était d'immenses pancartes ornées souvent de gravures de maîtres d'après les dessins des premiers peintres : les Le Sueur, les Le Brun, les Mignard. L'accessoire y étouffait le principal, et, dans l'espace laissé désert au milieu des feuilles, s'imprimait le texte. Une de ces thèses par G. Edelinck est un des chefs-d'œuvre de la gravure française. Nanteuil en a gravé sept, dont sa propre thèse de philosophie. Cela sent bien son grand siècle. Les moins riches, à défaut de gravure inédite, achetaient un tirage de gravure déjà parue. Une thèse s'offrit, qui avait en tête l'effigie gravée de Mme de Maintenon, dans un cadre tout orné d'emblèmes et de devises, avec ces mots : Fait par P. Giffart, graveur du roi. 1687. Point de nom de peintre. Ce portrait était juste, en grand, mais en plus âgé, le petit portrait de Mercuri : même pose, même ajustement, coiffure, dentelles, et le reste. Certes, nulle équivoque n'était admissible touchant l'authenticité, car le portrait présenté à Mme la marquise de Maintenon elle-même, avec solennelle dédicace en style de Thomas Diafoirus, par un sieur Leblanc de Neauville qui s'y dit de la maison de la marquise, devait offrir une effigie consacrée. J'ai retrouvé depuis deux gravures du même portrait, l'une par de Larmessin, l'autre par Lépicié. Cette dernière porte : Mignard pinxit. Le type original et donc de la main de ce peintre [28] ; qu'est-il devenu ? Dans tous les cas, on est autorisé à supposer, par la date, que c'est celui dont la Vie de Mignard fait mention sans le décrire. Ce serait le même qui fut l'objet de mauvais vers, les derniers, dit-on, qu'ait écrits le bel esprit burlesque, Paul. Scarron, et dont voici le titre et quelques strophes :

A Monsieur Mignart, le plus grand peintre de ce siècle [29].

Tu sais bien que le crayon

Qui se gâte à la poussière

N'est encore qu'un rayon

De sa future lumière.

Viens, viens donc demain chez moi

Finir cet ouvrage rare ;

Pour te ramener chez toi

Un convoi je te prépare.

Ce crayon dont parle le goutteux était-il le trait d'une effigie destinée à être peinte ? En d'autres termes, était-ce la première préparation à la sanguine dont Mignard le Romain avait l'habitude ? ou bien n'était-ce à la lettre qu'un crayon ou un pastel ? Les documens que nous avons recueillis jusqu'ici ne nous permettent pas de conclure ; mais ce qui importe à la question, c'est que la planche de Giffart et les deux autres qui en sont la copie nous reproduisent le nez mi-aquilin et surbaissé de la sainte Françoise, et nullement ce nez relevé des trois Petitot, ce nez qui donne au modèle un air un peu mutin. Les portraits de Mme de Maintenon accrédités de nos jours ne la représentaient pas sous la protection des traits gracieux de la jeunesse, mais vieille, mais triste et morose, amuseuse ennuyée d'un vieux roi ex-libertin qu'elle n'aimait pas et qui avait peur de l'enfer. Matrone altière et prude, arrivée à cet âge où la femme est la proie des poètes et des confesseurs qui se disputent à qui en fera une muse ou une sainte, elle n'avait pas la stérile passion de la vanité, quoique précieuse et bel esprit ; elle avait cet indomptable orgueil qui creuse et entreprend de loin ; elle avait cette ambition insatiable et blasée qui, au plus haut point de la grandeur, lui faisait dire au comte d'Aubigné, son frère : « Je n'y peux plus tenir, je voudrois être morte. — vous avez donc parole d'épouser Dieu le père ? » répondait l'autre. « Il y a peu d'honnêtes femmes qui ne soient lasses de leur métier ; » aurait ajouté le duc de la Rochefoucauld. — Bien différente de celles qui veulent glisser dans la vie sans être vues que de Dieu, je ne sais quoi se débattait incessamment en elle contre l'obscurité et la poussait au jour. À elle le grand soleil, la considération, la gloire humaine, les honneurs de l'opinion : c'était son trône. « Je coulais être estimée, dit la marquise elle-même dans sa correspondance : l'envie de me faire un nom était ma passion. » Maîtresse passée dans cette habitude de dissimulation et de finesse que son naturel froid et prudent lui rendait facile, et dont toutes les positions de sa vie, depuis le berceau jusqu'à sa mort, lui avaient fait une nécessité, elle ne régna point par ses charmes, quoiqu'elle fût belle ; elle domina par la tenue de son caractère. Et de fait, qu'on se rappelle l'espèce de condition demi-serve où l'avaient jetée les misères de son enfance, la domesticité dont l'avait honorée le dédain d'une parente sans cœur, son alliance avec un cul-de-jatte moribond, de tous les maris le plus ridicule : — en fallait-il davantage pour la contraindre de bonne heure à se cuirasser de glace et de dignité, afin d'échapper aux entreprises des protecteurs du bel air ? Et force était pourtant d'être toute à tous ; de faire toujours gracieux visage, de redoubler d'esprit et d'histoires agréables quand le rôt manquait ; or, il manquait souvent.

L'amabilité qui attire, alliée à la tenue sévère et boutonnée qui impose et tient à distance, tel est le secret de l'empire de Mme de Maintenon avant et depuis son veuvage. Supérieure à Louis XIV en esprit et surtout en instruction, elle étonnait, charmait, dominait le roi par sa raison assaisonnée de grace, et le contenait à la fois près d'elle par les scrupules de la religion : « Je le renvoie toujours affligé, jamais désespéré, » disait-elle à Mme de Frontenac. Encore un Peu de temps, et le pinceau de Mignard lui donnait les honneurs princiers du manteau d'hermine : « Sainte Françoise le mérite bien, » avait dit Louis XIV.

Long-temps l'amie de celle dont elle avait élevé en secret les enfans, fruits d'un double adultère, elle s'était étudiée à la saper dans le cœur du roi. L'ingratitude lui est bonne, elle en use et ne s'en défend pas. Confidente avec complaisance des amours du prince, en connaissant dès-lors et les ardeurs, et les impatiences et les voies, elle mit fin à toutes ses galanteries, ferma toute avenue à ses affections, même les plus innocentes, et le jeta dans une dévotion dont la révocation de l'édit de Nantes a fait connaître l'étendue et le danger. Tout grand fait historique a sa légende : beaucoup d'esprits chagrins s'obstinent encore à demander compte de ce désastreux événement à la marquise, au lieu de le demander à son époque. Non, Mme de Maintenon ne fit point la révocation de l'édit de Nantes mais elle ne l'empêcha point, mais la petite fille d'Agrippa d'Aubigné n'en adoucit point les conséquences homicides pour ses anciens coreligionnaires [30]. Louis, au-dessous de son siècle dans ce suicide insensé, prouva que, s'il avait pu être un grand roi, il n'était point un grand homme.

Il y a une lettre de Mme de Maintenon qui m'a toujours frappé, comme Lémontey : c'est celle que cette béate demi-reine écrivait le 9 septembre 1698 au cardinal de Noailles, et où elle prononce ce mot précieux, tout plein d'un parfum de casuiste en jupon : « Je ne puis m'empêcher de me dire : Que deviendra le roi si je meurs avant le père de la Chaise ? » Est-ce là un mot d'une naïveté sincère ? Dieu seul a le secret des coeurs. D'une part, Mme de Maintenon était une femme trop souterraine, trop sûre d'elle-même, trop calculée et artificieuse pour être crue sur parole ; elle avait, d'un autre côté, trop de sérieux dans l'esprit pour qu'il soit permis de décider sur elle à la légère et sur de simples inductions. Une conduite d'Honesta toujours désespérément posée, toujours exemplaire ; jamais le moindre mouvement entraîné, jamais un petit coin attendri, comme disait la bonne et sensible Madeleine de Scudéry, de pareilles perfections sont peu sympathiques ; on les honore, on les respecte, on ne les aime point. Pourquoi ? Parce qu'elles sont la vertu sans le cœur ; parce qu'à tort ou à raison, on craint, en fin de compte, de n'y trouver qu'une Lucrèce par honneur plus encore que par vertu.

Telle nous apparaît Mme de Maintenon dans ses portraits officiels, tristes et grondeurs. Aussi était-ce une pensée charmante, presque maligne, et qui devait venir à un esprit délicat tel que M. le duc de Noailles, de battre en brèche l'opinion rien que par une sorte d'antithèse, rien qu'en rajeunissant son héroïne : « Heureux, dit-il avec raison, ceux dont l'image arrive à la postérité sous l'emblème de la grace et de la beauté ; la postérité en est plus indulgente. » Visage plein de grace, aimable sourire, pose un peu coquette pour faire valoir de belles épaules ; ajustement simple avec élégance, *simplex munditiis* ; les perles et la dentelle, tout est là. Loin donc, loin ces tristes coiffes et cette éternelle robe feuille-morte qui effarouchaient les jeunes essaims de la maison de Saint Cyr. Oui, mais ce nez au vent, qui ne va ni à cet esprit ni à ce caractère, qu'en ferons-nous au moment où volontiers nous allions bannir tout-à-fait l'autre image de notre souvenir ? Ce nez-là cadre mieux aux mauvais desseins que le duc de Saint-Simon nous a révélés contre Mme de Maintenon dans ce style âcre, ardent et incorrect que vous savez. Sans ajouter foi à tout ce qu'une malignité envieuse débita sur les intrigues de sa jeunesse, on ne peut oublier qu'elle fut la femme d'un poète graveleux, qui, disait-il lui-même, devait lui faire peu de sottises, mais s'était promis de lui en apprendre beaucoup ; on peut tenir pour constant qu'elle vécut dans la société des plus aimables libertins de son siècle, qu'elle fut l'amie et la camarade de lit de la courtisane Ninon de Lenclos, et que celle-ci, dans une lettre inédite à Saint-Evremond [31], ce bel esprit qui fit, à si bon marché, la gloire héritière de ses plaisirs et de sa paresse, écrivait ces mots qui sont pour faire venir la chair de poule aux admirateurs de Mme de Maintenon :

« ...Je n'ai rien dit ni voulu dire au bon petit bibliothécaire : on doit parler le moins possible de ces sortes de choses. Les temps sont venus où j'ai tout oublié, hors mes amis. Jugez, après cela, si j'ai été étonnée de vos nouvelles questions. À quoi songez-vous d'oublier qu'il me faut lire en lunettes ces histoires d'amour ? Que vous seriez sage si vous vous en teniez à votre Angleterre et un peu à l'amitié que vous me devez, dont je suis digne par l'attachement que je vous porte ! S. était mon ami ; sa femme m'a donné mille plaisirs par sa conversation, et, dans le temps, je l'ai trouvée trop gauche pour l'amour. Quant aux détails, je ne sais rien, je n'ai rien vu ; mais je lui ai prêté souvent ma chambre jaune, à elle et à Villarceaux... »

Tandis que, retirée à la campagne chez Mme de Montchevreuil, la cousine de Villarceaux, la veuve de Scarron jouissait des paysages imprégnés du silence, de la douce paix, de la suave religion des champs, Villarceaux, grand débauché de corps, de cœur et d'esprit, la faisait peindre, sortant du bain, le déshabillé de la Genèse, et l'insultait ainsi à son insu. Elle l'apprit, et en fut déchirée de désespoir « Même dans les choses malhonnêtes, il y a de l'honnêteté à observer, » dit Mme de Sévigné à propos des procédés de son fils envers Ninon. La moderne Leontium elle-même, qui du moins portait un cœur d'honnête homme, eût vu là autre chose qu'une espièglerie du grand monde. Quand on a tant de dignité, tant d'orgueil, une soif si ardente de considération et d'estime que l'avait Mme de Maintenon, aimât-on la sagesse moins pour son prix que pour la gloire de l'avoir fait triompher, — on commence toujours par n'agir que de façon à s'estimer soi-même.

J'ajouterai que, si l'on a pu dire des femmes en général que celles qui jouent avec l'amour sont comme les enfans qui jouent avec des couteaux et finissent toujours par se blesser, il est également vrai que les caractères si personnels, si froidement orgueilleux, n'ont point l'ame ouverte aux affections et ne sont susceptibles ni de surprise de la sensibilité ni de surprise des sens. Mme Scarron était femme à ne point fuir le tête-à-tête, parce qu'il y avait pour sa gloire une satisfaction de haut goût à l'avoir bravé.

Mais c'en est assez à propos du bout de nez plus ou moins exact d'un portrait. Cependant quel est le coupable ? Serait-ce tout simplement le temps, qui outrage d'une façon si cruelle la beauté, et qui, s'attaquant entre autres à l'un des traits de Mme de Maintenon, de vingt-cinq à soixante ans, a pu, comme on en a tant d'exemples, affaisser le cartilage du nez, et, d'un nez relevé, faire un nez aquilin ? Serait-ce alors, et volontiers j'inclinerais à le croire, que Giffart, dont le type a été le même que celui de Petitot, aurait un peu forcé les traits de son image de thèse pour mettre l'effigie de niveau avec l'age de son modèle ? Il s'ensuivait ainsi que les émaux de Petitot, pour différer en un trait caractéristique de la Sainte Françoise de Mignard, n'en seraient pas moins corrects. Là, c'est la jeunesse ; ici, l'âge mûr. Quand bien même Petitot, si exact, si parfait d'ordinaire, aurait menti cette fois à son modèle, ce que je ne saurais admettre d'ailleurs que sur preuves irrécusables, quel est l'artiste qui lui jetterais la première pierre ? Quel est l'artiste, parmi ceux même dont les œuvres pourraient prétendre aux suprêmes honneurs d'une tribune de musée, qui ait toujours étroitement ajusté et serré son style sur la vérité nue, qui n'ait pas, un jour en sa vie, cédé aux séductions de cette fée décevante qu'on appelle la mode ? N'en a-t-il pas subi le prestige souverain, cet admirable Prud'hon qui a peint le portrait de Mme Jars, depuis Mme Elleviou, exposé au musée du Louvre, et qui le dispute aux plus belles œuvres de tous les temps ? N'a-t-il pas lui-même sacrifié à l'idole, le grand Rubens, Rubens étincelant, radieux, opulent, saturé de lumière, qui a poussé jusqu'à l'abus les facultés les plus prodigieuses ? Chez lui, toujours pareille carnation, toujours la nature du Nord, et son pinceau transfigure l'italienne Marie de Médicis en florissante beauté d'Anvers.

Non, depuis les immortels chefs-d'œuvre des maîtres de l'Italie, de l'Espagne et des Flandres, jusqu'aux œuvres des martyrs de l'école de David, il n'est que trois ou quatre hommes privilégiés, Raphaël en tête, qui, dans leurs portraits aient été assez robustes pour ne jamais fléchir devant la mode et la manière, pour avoir constamment trouvé dans le simple la puissance secrète de rendu, la vérité de nature variable et fugitive, cette diversité de physionomie et de carnation de race, de climat, d'individu, unie à une fleur ineffable de sentiment et d'idéal. D'idéal, disons-nous : une chose, en effet, qui n'est pas assez remarquée des gens du monde, c'est qu'on peut introduire de l'idéal dans le portrait, et ne point prendre pour cela de licence avec la vérité et l'exactitude. Il a chez le Titien, chez Vélasquez, qui, en énergique vérité, n'est inférieur à personne, chez Rembrandt, chez le Poussin, chez Van Dyck dans ses ouvrages étudiés, chez son maître Rubens en dépit de ses éblouissantes licences, et encore plus chez Raphaël, un je ne sais quoi qui saisit fortement, qui élève le spectateur sans cependant nuire au naturel ni exclure la naïveté, mais sans non plus les supposer toujours ; c'est le caractère, c'est un grand style, une sorte de cachet magistral imprimé à l'ouvrage, qui émeut les organisation sensibles à la peinture, indépendamment des mérites vulgaires du portrait. Hlolbein, si fin qu'il en est sec, est d'une élévation qui remplit l'ame de grandeur, quand on regarde ses têtes si vraies, si vivantes et à la fois si nobles, malgré les traits les plus communs. Voilà le vrai génie de la peinture, et, si le portrait m'avait jamais été peint que par de tels maîtres, la critique iconologique deviendrait, à certains égards, à peu près inutile. L'histoire des apocryphes de la peinture prouve, on le voit surabondamment, que la haute perfection de l'art et la fidélité historique marchent toujours d'accord, et qu'en dernier résultat, là où le beau se rencontre, la vérité n'est jamais loin.

F. FEUILLET DE CONCHES

NOTES

[1]Gravé au burin par Forster.

[2]Les uns, et du nombre est le père Dan (Trésor des Merveilles de Fontainebleau 1642), veulent que ce soit une duchesse de Mantoue ; d'autres y reconnaissent Lucrezia Crivelli.

[3]Portrait isolé vu de trois quarts et coiffé d'une toque, peint par Raphaël, dessiné par Boucher-Desnoyers et gravé par Forster.

[4]Ce portrait de la main de Sanzio a été éa1ement gravé par Forster.

[5]M. Ferdinand Denis a reproduit ces portraits dans son ouvrage sur le Portugal.

[6]C'est le manuscrit découvert à la Bibliothèque nationale par M. Ferdinand Denis et publié par MM. da Carrera et de Santarem.

[7]Lettre de Mme de Sévigné du 4 décembre 1668, et réponse de Bussy ; tome Ier des Lettres, p. 154 et 156 ; édition de Monmerqué. Voir aussi l'excellente notice de M. Corrard de Bréban, de Troyes, intitulée Souvenirs d'une visite aux ruines d'Alise et au château de Bussy-Rabutin.

[8]Ce qui est aussi étrange, c'est la légende de cette lithographie, qui porte Marie Rabutin-Chantal, marquise de Sévigné, née en 1549 morte en 1610 etc. Le savoir biographique de l'auteur vaut son dessin. Depuis que la renommée de Mme de Sévigné est devenue européenne, l'étranger nous a enlevé plusieurs de ses portraits. Ainsi Horace Walpole, connu pour sa dévotion à la marquise, était venu à bout de s'en procurer en France une bonne peinture originale au-dessous de laquelle il avait écrit cette invocation : Notre-Dame de Livry, priez pour nous. Quant au portrait peint à l'huile qu'on voit à l'hôtel Carnavalet, et qu'on attribue au graveur Nanteuil, qui a peint au pastel et n'a jamais tenu le pinceau, c'est une toile évidemment, moderne, pâle copie du beau pastel de Nanteuil, qui du cabinet de M. Traullé passa dans celui de M. Villenave.

[9]Cet émail, tombé sur le carreau, s'est brisé en trois morceaux. On l'a

raccommodé tant bien que mal, et il subsiste encore.

[10]M. de Mussey lui-même, le propriétaire de l'émail pseudonyme, n'acceptait pas la ressemblance, tant le texte des lettres de Mme de Sévigné, son portrait écrit par Bussy et le pastel de Nanteuil lui paraissaient la contredire. Ce fut Blaise le libraire qui tint à l'attribution du portrait. Ce M. de Mussey était un de ces enthousiastes collecteurs, un de ces fous-tulipiers dont l'espèce va tous les jours s'éteignant : bonnes gens qui amassent et se ruinent pour la postérité, mais dont l'ingrate est toujours disposée à rire, en sa qualité de légataire. Il était directeur des douanes à Montpellier quand le spirituel Creuzé de Lesser en était préfet. Il avait fait monter in-folio un exemplaire des Lettres de Mme de Sévigné, édition Grouvelle. Autographes, fac-simile, miniatures, portraits, dessins originaux, gravures se rattachant de près ou de loin à son idole, il avait tout recueilli, tout accumulé entre les feuilles ou collé sur les marges de son exemplaire. Pour bien connaître les châteaux jadis habités par l'objet de son culte, pour se familiariser avec les sites rendus intéressans par quelque souvenir de la marquise, il avait parcouru la Bourgogne, la Bretagne, la Provence ; il avait consulté dévotement les traditions locales, il avait tout fait dessiner sous ses yeux, et son Sévigné-monstre, comme l'appelaient ses amis, s'était enrichi des fruits de ces pieux voyages. Ce qu'il engloutit d'argent dans ce gouffre, où souvent des gravures de grand prix n'entraient que mutilées, est à peine croyable. Aussi le pauvre digne amateur, ruiné par son livre, fut-il à la fin réduit à le vendre par volume C'était son ame déchirée feuille à feuille, et quand le dernier tome, son dernier ami, eut quitté ses mains, il mourut.

[11]Voir la Notice bibliographique de M. le docteur Payen sur Michel de Montaigne.

[12]Pour trouver la première galerie depuis celle que François Ier avait créée dans le palais de Fontainebleau, il faut descendre jusqu'à Marie de Médicis qui avait apporté de Florence le goût des arts. On parle aussi du cabinet de Sully. Louis XIII aima les arts et les pratiqua à ses heures. Monsieur, son frère, duc d'Orléans, le plus maladroit de tous les conspirateurs, fut le plus zélé collecteur de livres, de manuscrits et tableaux. Le cardinal de Richelieu fit de son château un vrai musée d'antiques et peintures dont La Fontaine a écrit à sa femme de piquantes descriptions, et dont un nommé Vignier a aussi donné en madrigaux le catalogue, en 1681. Alors, mais seulement alors, l'élan était imprimé, et de tous côtés se formèrent des galeries. En 1634 le premier maréchal de Créquy, au retour de ses ambassades de Rome et de Venise, rapporta à Paris des tableaux originaux, des copies de maîtres, quelques dessins de Raphaël et des plâtres moulés sur l'antique, que l'on visita comme une des curiosités de la capitale. M. de Noyers, et le patron du grand Poussin, M. de Chantelou, se distinguèrent avec l'abbé de Marolles par le goût délicat de leurs richesses. Stella prouva par le choix Des siennes qu'il était peintre. Le cul-de-jatte

Scarron, qui avait vu l'Italie, eut de bonnes toiles. Mazarin accumula les tableaux en roi, De Piles en connaisseur; le père de La Chaise, le comte de Béthune, M. de Charmois, le duc de Chabot, le duc de Vendôme, son frère le Grand Prieur, le marquis de Seignelay, Mme de Verue, le duc de Saint-Simon, les recueillirent en amateurs ardens et de bon goût.

[13]Le Louvre ne possède qu'un tableau à l'huile, le Jugement dernier, de ce grand artiste ; mais il existe de lui une très belle peinture qui serait digne de figurer dans la grande tribune, de notre Mussée, au double titre de monument de notre art national et de chef-d'œuvre. Cette peinture, qui est à Sens chez M. Chaulay, ancien notaire, représente Eva prima Pandora. Tel est le titre inscrit par Jean Cousin lui-même sur son œuvre. La figure, entièrement nue et presque aussi grande que nature, repose sur une grande draperie de couleur rouge clair. Couchée dans une grotte et accoudée sur une tête de mort, Ève tient de la main droite une branche du pommier fatal, tandis que son bras gauche, autour duquel s'enroule le serpent, s'étend sur un vase d'où s'échappent tous les maux, figurés par de petits génies. La grotte est ouverte sur une mer agitée ; non loin de là s'aperçoit une ville de riche architecture. L'aspect général du tableau a quelque chose d'italien qui atteste l'invincible influence de Léonard et du Primatice sur tout ce qui, cette époque, tenait avec le plus de fermeté le pinceau en France. La pose rappelle beaucoup celle de la Diane de Poitiers de Jean Goujon et plus encore de la Diane de Benvenuto Cellini. L'histoire de ce tableau présente quelque chose de fatal : Jean Cousin s'était bâti près de Sens le château de Montard, à Soucy, lieu de sa naissance. C'est dans ce château qu'en 1685 Félibien découvrit l'Eva dont le panneau remplissait, au grenier, la fonction de Cloison d'un charbonnier, la peinture tournée du côté du charbon. Félibien la sauva de la ruine. Je ne sais quel pinceau maladroit la retoucha ; mais rien de plus facile que de faire disparaître les traces, assez légères d'ailleurs, de ces restaurations. Le château de Moutard appartenait déjà en 1685 à la famille Fauvelet de Bonnaire, dont faisait partie Fauvelet de Bourienne, le fameux secrétaire de l'empereur Napoléon. C'est encore cette famille qui en est propriétaire aujourd'hui, et c'est par elle et à la suite d'une alliance de famille que l'Eva a à M. Chaulay de Sens. La filiation du tableau est donc trop nettement établie pour qu'aucun doute puisse s'élever sur l'authenticité. — Félibien n'est pas le seul qui ait signalé ce tableau précieux ; le comte de Caylus l'a également cité.

[14]Portraits. des personnages français les plus illustres du XVIe siècle, reproduits en fac-simile sur les crayons contemporains, recueil publié avec notices par P.-G.-J. Niel, chez Lenoir, éditeur, quai Malaquais, n° 5.

[15]On les a ôtés de mauvais cadres où ils se gâtaient, et maintenant ils sont reliés en deux volumes. Le conservateur des dessins du roi George IV, John Chamberlain, a donné en 1812, une édition réduite in-4° des fac-simile de Bartolozzi qui sont in-folio.

[16]Cromwell a été un peu mieux rendu par le peintre Walker, qui n'était pas non plus un Van Dyck.

[17]« Le fameux Jabac, homme connu de tout ce qu'il y a d'amateurs de beaux-arts, qui était des amis de Van Dyck et qui lui a fait faire trois fois son portrait, m'a raconté qu'un jour, parlant à ce peintre du peu de temps qu'il employait à faire ses portraits, il lui répondit qu'au commencement il avait beaucoup travaillé et peiné ses ouvrages pour sa réputation, et pour apprendre à les faire vite dans un temps où il travaillait pour sa cuisine. Voici quelle conduite il m'a dit que Van Dyck tenait ordinairement. Ce peintre donnait jour et heure aux personnes qu'il devait peindre, et ne travaillait jamais plus d'une heure par fois à chaque portrait, soit à ébaucher, soit à finir, et, son horloge l'avertissant de l'heure, il se levait et faisait la révérence à la personne, comme pour lui dire que c'en était assez pour ce jour-là, et convenait avec elle d'un autre jour et d'une autre heure. Après quoi, son valet de chambre venait nettoyer ses pinceaux et lui apprêter une autre palette, pendant qu'il recevait une autre personne à qui il avait donné heure. Il travaillait ainsi à plusieurs portraits en un même jour d'une vitesse extraordinaire... » « Après avoir légèrement ébauché un portrait, il faisait mettre la personne dans l'attitude qu'il avait auparavant méditée, et, avec du papier gris et des crayons blanc et noir, il dessinait en un quart d'heure sa taille et ses habits, qu'il disposait d'une manière grande et d'un goût exquis. Il donnait ensuite ce dessin à d'habiles gens qu'il avait chez lui, pour le peindre d'après les habits mêmes que les personnes avaient envoyés exprès à la prière de Van Dyck. Les élèves ayant fait d'après nature ce qu'ils pouvaient aux draperies, il repassait légèrement dessus et y mettait en très peu de temps, par son intelligence, l'art et la vérité que nous y admirons.

« Pour ce qui est des mains, il avait chez lui des personnes à ses gages, de l'un et de l'autre sexe, qui lui servaient de modèles. » De Piles, Cours de Peinture par principes, page 291.

[18]Le tableau original de David n'est point terminé : il est au Louvre. Celui de Gérard a été donné par Mme Récamier à la ville de Lyon. Versailles en possède un souvenir en petit dans la collection d'esquisses que tirait Mlle Godefroid des principaux portraits de Gérard.

[19]Il n'y a point là d'exagération. Le portrait qui est au palais de Versailles demeurera comme un monument des aberrations du pinceau.

[20]La poudre blanche est une dégénération moderne. Sous le directoire, il fut de mode, pour les femmes, de porter des perruques ; ces perruques étaient blondes, et la belle Mme Tallien, de même que Mme de La Vollée, plus belle encore, cachaient ainsi la plus magnifique chevelure noire. Sous Louis XIV, on avait une poudre blonde à l'instar des belle Romaines de l'antiquité, qui voulaient donner du piquant aux traits de leur visage et rivaliser avec les blondes Gauloises.

[21]Ce portrait a été gravé en 1734 par Ch. Dupuis. Mme Boucher était

morte, cette même année, pagée de dix-sept ans.

[22]Casanova se trompe : le Nattier dont il veut parler n'avait encore que soixante-huit ans. Il y a trois peintres de ce nom : Marc Nattier le père, né en 1642, à Paris, où il mourut en 1705 ; — Jean-Marc, appelé le cadet, mort le 7 novembre 1766 à l'âge de quatre-vingt-quatre ans. C'est celui dont parle Casanova. Il a peint les portraits de Mesdames, qui sont à Versailles sous les attributs des Quatre Elémens. — Le troisième Nattier s'appelait Jean-Baptiste et naquit en 1712.

[23]Mémoires de Casanova de Seingalt, tome VI, p. 352-353 ; édition Paulin, 1833.

[24]Ce portrait de Mlle Sallé a passé du cabinet du miniaturiste Saint chez M. Véron.

[25]Vie de P. Mignard, Paris, 1730, page 173.

[26]Lettres de madame de Sévigné, tome 10, page 26 ; édition Monmerqué.

[27]Le portrait du livre de M. le duc de Noailles aurait donc dû être intitulé Madame Scarron. Le nom de Maintenon est une sorte d'anachronisme.

[28]Je n'ai pas retrouvé le type des deux autres émaux.

[29]Oeuvres de M. Scarron, tome IV, page 304. Amsterdam, chez Westein, 1742.

[30]M. Paulin Paris possède un curieux portrait de Schenck à Amsterdam, avec cet exergue tiré des Amours d'Ovide (II, 10) :

Viro mulier spoliis exultat ademptis.

C'est l'œuvre de quelqu'un de ces malheureux réfugiés que le ressentiment rendait injustes envers Louis XIV et tout ce qui touchait à sa personne.

[31]Cabinet de l'auteur Ninon signe Lanclos. Les derniers mots de sa lettre avaient transpiré. On en niait l'authenticité, parce qu'on n'en connaissait pas la source.

www.ingramcontent.com/pod-product-compliance
Lightning Source LLC
Chambersburg PA
CBHW071009180526
45168CB00003B/1353